solo leveling

3

Artwork: **DUBU(REDICE STUDIO)**
Story: **Chugong**

Jin-Woo Sung

E-Rang-Hunter

Chi-Yul Song

C-Rang-Hunter

Sang-Shik Kim

D-Rang-Hunter

Ju-Hee Lee

B-Rang-Hunter

Tae-Shik Kang

B-Rang-Hunter

Inhalt

Kapitel 6

B-Rang-Hunter
Tae-Shik Kang

solo leveling

Mit diesem seltenen S-Rang-Item kann ich ...

... die Festung des Teufels betreten!

Ich kann mein Leben hier nicht verlieren.

Falls der Item-Rang equivalent zum Dungeon-Rang ist, ist die Überlebenschance sehr gering.

Ich sollte mich daher zunächst darauf konzentrieren, mein Level zu erhöhen.

Da Gates ab dem B-Rang exponentiell schwieriger werden ...

... sind weltweit auch nur wenige S-Rang-Gates erschienen.

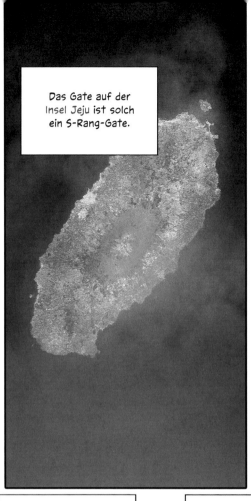

Das Gate auf der
Insel Jeju ist solch
ein S-Rang-Gate.

Weil niemand das
Gate schließen konnte,
kam es zu einem Dungeon
Break und die Insel wurde
unbewohnbar.

Selbst wenn sich S-
Rang-Hunter zusammen-
tun würden, wäre es un-
klar, ob sie solch einen
Raid schaffen würden.

Auch wenn Korea all
seine Hunter einsetzen
würde, wäre es fast un-
möglich, solch ein Gate
zu kontrollieren.

Deshalb wäre
es unüberlegt,
diesen Dungeon
zu betreten.

Ich darf die gefähr-
lichen S-Rang-Monster
nicht unterschätzen.

Sie sind
unfassbar
zäh und
...

...
können Hunter
mit Leichtigkeit
töten.

Tschick

Ich habe den Dungeon aus Neugier betreten, weil ich wissen wollte ...

... wie viel ich mit meinen Angriffen bewirke.

Krsch

Krsch

Krsch

Krsch

— X

ⓘ Hinweis

Buffs des Titels
Wolfstöter sind aktiv.

DO

do

do

do

Srrrt

— X

ⓘ Hinweis

Fähigkeit: Sprint wird angewendet.
Geschwindigkeit nimmt um 30 % zu.
Es wird 1 Mana pro Minute
verbraucht.

ⓘ Hinweis

Fähigkeit: Mordlust
wird aktiviert.

Pling

Pling

ⓘ Nachricht

Die Resistenz des
Gegners ist zu hoch. Der
Effekt wird annulliert.

Wusch

Es funktio-
niert nicht?

Einen besseren Gegner könnte ich mir nicht wünschen ...

... aber meine Angriffe zeigen keine Wirkung.

Kaum zu glauben, dass ich trotz der Buffs so schwach bin.

Titel: Wolfstöter

Dieser Titel wird Huntern verliehen, die eine hervorragende Leistung auf der Wolfsjagd vollbracht haben. Im Kampf gegen Biest-Monster steigen alle Attribute um 40 %.

Swusch

⚠ **Hinweis**

Wächter des Höllentors, Kerberos aktiviert die Fähigkeit: Wut.

⚠ **Hinweis**

Wut hält 3 Minuten an. Kerberos Statuswerte wurden verdoppelt.

Selbst wenn dies kein S-Rang-Dungeon ist, muss er einem nahe sein.

Womm

Womm

Womm

Womm

Das System zeigt mir den Unterschied unserer Stärke.

Pling

① Hinweis

Kerberos spürt keinen Schmerz.

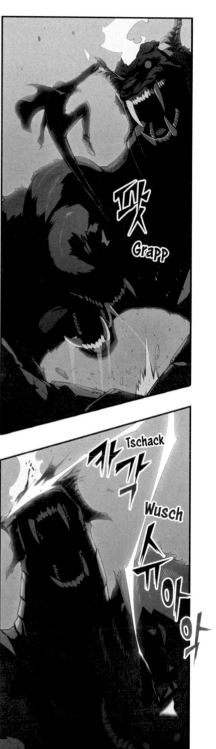

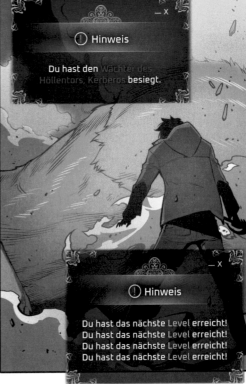

Auf meinem derzeitigen Level werde ich draufgehen, wenn ich das Tor öffne.

Dank dir weiß ich nun, wie stark ich bin.

Item: Halskette des Wächters
Rang: A
Art: Halskette

Agilität +20, Wahrnehmung +20

Item: Festungstorschlüssel
Rang: A
Art: Schlüssel

Dieser Schlüssel öffnet das Tor zur Festung des Teufels. Dieses Item erhält man für das Erlegen des Torwächters.

Ich komme wieder, wenn ich stärker geworden bin.

Item: Fangzahn des Kerberos
Rang: Keiner
Art: Sonstiges

Diesen Fangzahn erhält man nach Bezwingen des Kerberos.

Welche
Firma soll ihm
gehören?

Warum
wollten Sie
mich sehen?

Ich habe ge-
hört, dass nie ans
Licht kommt, was
in den Dungeons
passiert.

씨익
Grins

Wovon
reden Sie?

Dompf
크항

Das sind
2 Milliarden
Won*.

Ich hoffe
Sie verstehen,
was ich sagen
möchte.

부들
zitter

부들
zitter

Ich bitte
Sie ...

* Etwa 1.524.000 €.

Bringen Sie bitte diese Schweine um.

Plus eine weitere Milliarde, weil ich mich auch um die anderen ...

... Hunter kümmern muss.

Diese Insekten zu zermalmen ist ein Kinderspiel ...

... jedoch werden auch andere Hunter im Dungeon sein.

D... Das heißt ...!

Mir macht das Töten von Menschen viel mehr Spaß.

Als B-Rang-Hunter gehöre ich zur Elite und bin bei großen Gilden gefragt.

Wollen Sie wissen, warum ich dann für einen Hungerlohn bei der Vereinigung arbeite?

Hah

Hah

Sie haben es noch immer drauf.

Mach dich nicht über mich alten Mann lustig.

Hah

Hah

Ich weiß, dass du dich zurück-gehalten hast.

Du hast aus Rücksicht deinen Griff gelockert.

Das wär nicht mal ein Handicap.

Hätten Sie noch Ihren an-deren Arm ...

Das reicht.

Das ist schon Monate her.

Brrrrr

Das ist dringend.

Niedrigrangige Hunter bekommen oft Last-Minute-Aufträge.

Für heute ist Schluss.

Herr Song ...

Wollen Sie wirklich nicht in den Ruhestand?

Ts! Ruhestand?

Ich habe nicht mehr lange. Die verbleibende Zeit möchte ich etwas für diese Welt tun.

Aber es erstaunt mich ...

... dass ein S-Rang-Hunter von mir den Schwertkampf lernen will.

Ich habe zwar einen hohen Rang, doch mangelt es mir an Technik.

Da mein Körper durch das Erwachen nicht verstärkt wurde, ist mein Schwert gegen Monster nicht zu gebrauchen.

Wie konnte ein Schwertkämpfer nur als Magier erwachen?

Obwohl ich den Schwertkampf über Jahrzehnte trainiert habe, ist er mir im Kampf nutzlos.

Dafür muss es einen Grund geben.

Tak Ah, Gnnn

Ein D-Rang-Dungeon?

Oh?

24

Ähm
...

Ist nicht wahr!

Bist du es, Jin-Woo?

Herr Song!

Ich hätte dich fast nicht wie- dererkannt.

Du bist wie ausge- wechselt!

Wie hast du dich in den wenigen Monaten so ver- ändern können?!

Was ist passiert?

Ah!

Das war unsensibel von mir.

Hm? Wurde ...

... dein Bein nicht ab- getrennt?

Als ich aufwachte, war es wieder dran, auch wenn ich den Grund nicht kenne.

— X
Der Segen des Großen Hexers Kandiaru: Einmaliger Effekt. Wille zur Rehabilitation: Jegliche körperliche Schäden werden geheilt.

Ist so was überhaupt möglich?!

...

Mach dir keine Sorgen!

Man könnte es auch ein Wunder nennen, dass ich bisher noch keinen Unfall hatte!

Ich hatte zwar von deiner Genesung ge- hört, aber ich kann es immer noch nicht glauben, dass du vor mir stehst!

Patt

Patt

Es ist aber ein Glück, dass du ...

... unver- sehrt bist!

Wurden Sie auch von der Vereinigung gerufen?

Ja.

Du etwa auch?!

BETRETEN VERBOTEN

BETRETEN V

Da sind schon einige.

Ha ha ... Heute scheint ein besonderer Tag zu sein.

Die Mitglieder von damals sind versammelt.

Jin-Woo?!

Ju-Hee
...

...
und
...

...
Herr Kim.

Er hatte sein Schwert gegen mich gerichtet und wollte uns opfern.

Dann ließ er uns zurück und ist geflohen. Uns wiederzusehen muss beschämend sein.

Ich bin nicht stolz darauf, aber letzten Endes ...

... habe auch ich ihn zurückgelassen.

Wenn ich so da-
rüber nachdenke ...

Schnief

Mein
Arm!

Wusch

Si
komm
u

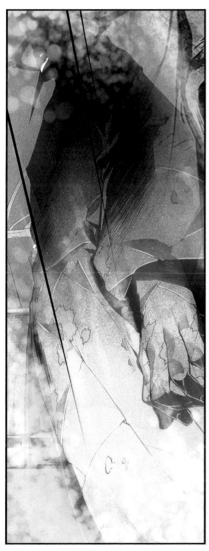

... haben wir alle es ...

... lebend
herausge-
schafft.

Na ja ...

Quietsch

Hier geht's ja heiß zu!

Finden in der Nähe Dreharbeiten statt?

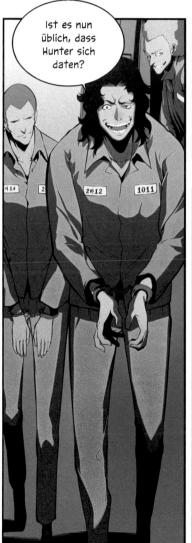

Ist es nun üblich, dass Hunter sich daten?

Klappe, ihr Nichtsnutze.

Das ist kein Ausflug.

Oh Mann ...

...

Da sich in diesem Bezirk die Zahl der Hunter verringert hat, haben wir keine Wahl. Haben Sie bitte Verständnis.

Hunter Tae-Shik Kang von der Überwachungsabteilung der Vereinigung wird dem Raid beiwohnen. Seien Sie unbesorgt.

Die Gefangenen sind auf dem C-Rang, Hunter Kang ist B-Rang.

Um ihn zu besiegen, braucht es sicherlich zehn C-Rang Hunter.

Irgend- was ist komisch.

Ju-Hee, du solltest drau- ßen bleiben.

Was ist mit dir?

Ich gehe.

Dann gehe ich auch.

금적
Kratz

Mit dieser Aufstellung sollen wir in den Dungeon?

Ah, ich ver-
stehe ...

Vielleicht ist auch
das hier Schicksal.

Dann lasst
uns gehen ...

Flapp

Flapp

... durch
das Gate.

Klack 철걱

Puh, die waren nervig.

뚝 Knack

뚝뚝 Knack

Wir sind keine Sklaven. Dürft ihr überhaupt so mit uns umgehen?

3 가 14

2028

Klappe.

Ich bin Tae-Shik Kang von der Überwachungs-abteilung.

Wie Sie gehört haben, werde ich ein Auge auf die da haben.

Wer geht voran?

Ich.

Dann sind Sie der An-führer.

Bist du damit einverstanden, Jin-Woo?

Ja, natürlich.

Danke, dass du mir noch eine Chance gibst.

Herr Song?!

Meinetwegen sind damals elf Personen gestorben.

Nur dank dir konnten wenigstens sechs überleben.

Es war meine Schuld, dass nicht alle überlebt haben.

Ich bedanke mich im Namen aller überlebenden Hunter.

Vielen Dank, Jin-Woo.

Es reicht, bitte heben Sie Ihren Kopf.

Kim, du
hast auch
...

... nichts da-
gegen, oder?

Mach, was
du willst.

Kraaah!

Wämm

Wupp

Wupp

Die kom-
men alle von
selbst!

Dompf

Wie lang-
weilig!

Tschack

Kommt
doch her!

Wusch

Ha!

Bamm

Es ist schwer zu sagen, wer hier Mensch und wer Monster ist.

Krah!

Bwomm

Krah!

Aaaah!

Aah!

Fwooooh

Stimmt, Song ist wie die Sträflinge ein C-Rang-Hunter.

Du schimpfst dich Schwertkämpfer, hast aber nicht mehr drauf?

Und du lässt wieder den Anführer raushängen.

Fwooh

Vertragen wir uns.

Bwoh

Wir alle sind damals dem Tod entkommen.

Jin-Woo, du bist besser geworden.

Wo hast du so einen guten Dolch her? Sonst warst du immer unbewaffnet.

Wirklich?

Stimmt. Ich habe dich bisher auch kein einziges Mal heilen müssen.

Hast du heimlich einen Kampfsport gelernt?

Ich trainiere jeden Tag.

Er hat sich wirklich sehr verändert.

Man erkennt dich kaum wieder!

Ju-Hee auf der anderen Seite hat sogar Angst vor Goblins. Ihr Trauma muss tief sitzen.

Es ist schade um ihr Talent, aber wenn es so weitergeht, wird sie ihre Hunter-Karriere aufgeben müssen.

Nicht nur sein Äußeres, sondern auch seine Aura ...

Ist das wirklich der Jin-Woo, den ich kenne?

Früher hatte er nichts drauf, aber nun wirkt er so gelassen. Ein richtiger Mann.

Mist, der Weg teilt sich in drei.

Der Dungeon ist einfacher als gedacht. Wollen wir uns aufteilen?

Es wäre gefährlicher, aber wir sparen Zeit.

...

Machen wir's so.

Ich werde mit den Sträflingen nach rechts gehen. Geben Sie Bescheid, falls Sie die Bosskammer finden.

Groh
스믈

Herr Song, lassen Sie uns nach links gehen.

Okay.

Grins
씨익

?

Tapp
쩌벅

Tapp

Tapp
쩌벅
Tapp

Tapp
쩌벅
Tapp

Der Boss ist am Ende dieses Ganges.

Goblins geben mir keine Erfahrungspunkte mehr. Ich muss den Boss erlegen, aber ...

Ich habe ein ungutes Gefühl ...

... bei diesem Typen.

Tschang

Tschick

Seid ihr fertig?

Das war easy.

Die sind doch viel zu schwach.

Goblins sind schwächer als ein erwachsener Mensch, klein und besitzen die Intelligenz eines Kindes. Jedoch sind sie aufgrund ihrer Hinterhalte nicht zu unterschätzen.

Natürlich wären bewaffnete Kinder ebenso schwierig handzuhaben.

Mit einer Waffe kann sogar ein Kind einen Erwachsenen umbringen.

Immerhin gibt es auf der Welt Kindersoldaten, die Erwachsene angreifen.

Es gibt keinen großen Unterschied zwischen Menschen und Monstern.

Sie sind alle Ungeziefer.

Könntet ihr kleine Kinder töten?

Was ist das für 'ne dumme Frage?

Stimmt.

Eine dumme Frage.

Ihr werdet gegen hundert Kinder im Dungeon kämpfen.

Woher sollen denn die Kinder kommen?

Die Kinder haben Hunger und wollen euer Fleisch verschlingen.

Könnt ihr sie töten?

Natürlich.

Ist doch klar.

Wir killen sie alle.

Wenn ich hier raus bin, werde ich berichten ...

... dass wir ...

... hier ...

Genau.

Um zu leben, muss man töten, egal was es ist.

Tschack

... gegen hundert Goblins gekämpft haben.

Das ist ein- facher als gedacht.

Ich hoffe, das bleibt auch so.

Es wird nichts pas- sieren.

Wenn er da-

Wo wa

Psst, ni dass er noch h

»Wenn der Schwächste dabei ist, kann es nicht so schwer sein.«

Das haben wir immer gesagt.

Auch wenn es an dem Tag nicht der Fall war.

Ich ...

... werde Jin-Woo nach dem Raid um Vergebung bitten.

Es quält dich doch auch, dass wir damals weggelaufen sind.

Wir sind die Schande aller Hunter.

Wir haben unsere Kameraden im Stich gelassen.

Wir können nichts anderes tun, als uns zu entschuldigen.

Vielleicht nimmt er sie nicht an.

Nein, das wäre sogar zu erwarten.

Trotzdem muss ich es tun.

Wir haben nicht viel Zeit. Los.

Da wir nur zu zweit sind, müssen wir aufpassen.

Herrje ...

Was haben unsere Kleinen denn wieder angestellt?

Es sollte doch ein qualvoller Tod werden.

Aber dafür ging es viel zu schnell.

Es war aber schön zu sehen, wie sie um ihr Leben ge-fleht haben.

Na ja ...

Die Kleinen betteln mich aber an, euch endlich zu erledigen.

Verschone mich ...

... bitte.

Was zum ...

Wo kommt ihr denn her?

Ah, die Wege müssen miteinander verbunden sein.

Ssst

Tschack

Die Bosskammer ist also links.

Das erspart mir zumindest das Suchen.

Zeit für eine Planänderung.

Flatsch

Oh? Du bist schnell.

Wer bist du?

Er hat meinen Angriff geblockt?!

Warum ist er so stark?

Nicht schlecht.

획씬
Stech

Du hast gute Instinkte.

Damit sie mir nicht in die Quere kommt, wollte ich eure Heilerin zuerst erledigen.

Aber ich muss es wohl anders angehen.

Was ist ...

... hier los?

So wie diese Typen.

Aber egal wie, ich werde euch alle töten.

Wieso?!

Sie sind doch von der Vereinigung!

Schatz.

Ja?

Kannst du nicht mit dem Hunter-Dasein aufhören?

Das schon wieder?

Es ist zu gefährlich.

Womit soll ich bei der derzeitigen Wirtschaftslage sonst Geld verdienen?

Immer, wenn ich auf deine Rückkehr warte, habe ich Angst, dass nur dein Leichnam heimkommt.

...

Das ist immer noch besser, als auf dem Bau Tagelöhner zu sein.

Die Vereinigung schickt Hunter mit so niedrigem Rang wie mich nicht auf gefährliche Raids.

Okay.

Es ist nur, der Große kommt bald in die Mittelschule und die Kleine in den Kindergarten ...

...

Ich hätte nichts sagen sollen.

Ich versteh dich, Liebling.

Lass dich nicht unterkriegen.

Ich liebe dich.

Papa.

Ja?

Warum bist du ein Hunter?

Ha ha, was du mich alles fragst.

Es erwacht eine von tausend Personen, und nur einer von fünftausend Erwachten ...

... ist D-Rang oder höher. Ein Hunter schultert damit die Leben vieler.

Die anderen Kinder finden es krass, dass du einer bist.

Papa, bist du dann stärker als die anderen Papas?

Einer von fünftausend.

Natürlich! Ich kann sogar Monster besiegen!

Ich wusste es, Papa!

Ich bin zwar Hunter ...

Ja, Papa ist stark.

... doch ich weiß, dass ich für meine Familie Ehemann und Vater bin.

Ich darf ...

Deshalb ...

... darf ich heute nicht sterben.

... nicht sterben.

Auch morgen nicht.

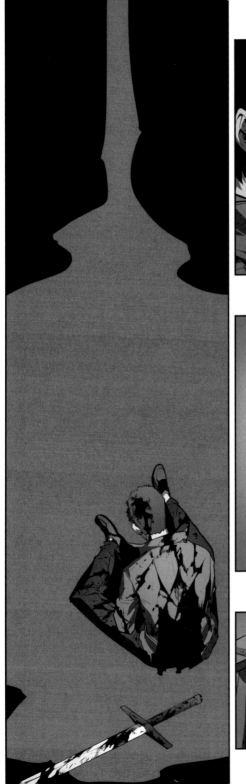

Herr Kim
...?

Ju-Hee
...

Heil ihn, schnell!

J... Ja!

Hust

Urgh!

N...

Nein.

Ihr könnt mir ...

... nicht helfen.

Ich habe bereits ...

... zu viel Blut verloren.

Du ...

... kannst aufhören.

I...

Eigent-
lich ...

... wollte ich
mich nicht auf
diese Weise ent-
schuldigen.

Ich wollte
dazu auf
die Knie ...

Wenn
ich ...

... nun
auf die ...

... Knie
gehe ...

... sterbe
ich sicher ...

Urgh

Hust

Hah

Hah

Hah

Sst

Warum haben
Sie das Herrn Kim
angetan?

Na ja
...

Es liegt in
der Natur der
Monster.

Einst öff-
nete sich ein
Gate und die
Monster ...

... über-
rannten die
Menschen.

Aber natürlich
kamen sie gegen
mich nicht an.

Deshalb habe
ich als Einziger
überlebt.

Das klingt
doch nach einer
guten Story.

Eigentlich
solltet ihr von
Scharen von Goblins
getötet werden,
aber das gefällt
mir besser.

Was meint ihr?
Das klingt doch
glaubhaft.

Die Sträflinge
versuchten zu
fliehen.

Deshalb haben
sie zuerst euch ge-
tötet und wollten dann
mich angreifen, als ich
in den Bosskampf
verwickelt war.

Mistkerl ...

Grapp

Halt, das ist niemand, den du besiegen kannst.

Überlass ihn mir.

Kim, ich leih mir das mal kurz.

Meine C-Rang-Fähigkeiten werden mir gegen einen B-Rang kaum helfen.

Weil er ein Assassine ist, wird er zudem schneller als ich sein.

Seine Vertei-digung sollte aller-dings niedrig sein. Ein guter Treffer mit meiner Magie könnte aus-reichen.

Tschack

Lange her, dass ich mein Schwert gegen einen Menschen richtete.

Außerdem ist sie hier.

Ju-Hee, kannst du meine Stärke buffen?

Natür-
lich!

Er be-
nutzt ein
Schwert?

Ich muss nah
genug rankommen,
damit er nicht aus-
weichen kann!

Fwooooh

Bzt

Bzt

Tut er so, als
sei er Schwert-
kämpfer?

Die Stärke
eines Magiers zu
buffen verschwen-
det eigentlich nur
Mana ...

... aber
jetzt ...

Ischack

Wooooh

Auf geht's!

Bwooh

... bin ich ein Schwertkämpfer!

Als Magier bin ich ihm in Stärke, Vitalität und Geschwindigkeit unterlegen.

Auch mit ihrer Hilfe ist es so, als würde ich mit einem E-Bike einen steilen Hang ...

... hinabfahren.

Wenn man die Kontrolle verliert, stirbt man.

Swusch

Tschang

Ein Magier ist einem Assassinen gegenüber im Nachteil.

Das Schwert zu nehmen, war clever.

Trotzdem bist du nur ein Magier.

Was für ein Unterschied macht schon ein Schwert, wenn dein Körper kaum mit einem D-Rang mithalten kann?

Swusch

Einen
großen.

Wusch
삭

Du bewegst
dich gut?

Selbst ohne
Buff, scheinst
du was drauf
zu haben.

Es war zwar
nur für einen
Moment, aber er
hatte ihn fast!

Wenn er
bloß ein bisschen
schneller wäre ...

Swusch

Das bringt dir aber nichts.

Tschack

Beeindruckend. Du bist schnell und präzise. Deswegen hast du also zum Schwert gegriffen.

Denk mal kurz nach. Es hat einen Grund, warum keine magischen Schwert-kämpfer existieren.

Bwoooh

Mann, nervt die Heilerin.

Ich darf den Kampf nicht in die Länge ziehen.

Wusch

Du bist zu-
erst dran!

Swusch

Du wagst es,
mir den Rücken
zuzukehren?

Du unter-
schätzt mich!

Tsching

Du bist kein
normaler alter
Mann.

Man sieht
es mir nicht an,
aber ich trainiere
einen S-Rang-
Hunter.

Mein Kör-
per kann nicht
mithalten, aber
meine Technik
ist dir um Mei-
len voraus!

Tschack

Wusch

Leider hat deine Kraft auch Grenzen.

Glaubst du ernsthaft, ein Magier ...

Tsching

... kann mit der Geschwindigkeit eines Assassinen mithalten?

Wie naiv.

Gegen einen Halbstarken hättest du ge- wonnen ...

... aber ich spiel in einer anderen Liga.

Magier können mir nicht mal mit den Augen folgen.

Herr Song!

Wank

Du hast also kapiert, dass Widerstand zwecklos ist.

Ich mache es kurz und schmerzlos!

...

AA OF

Wusch

Hat es geklappt?

Ein Magier, der mit dem Schwert kämpft, um mich von seiner Magie abzulenken ...

Fschhh

Du hast auf diesen Angriff gewartet, um deine Magie einzusetzen.

Das war ein guter Plan, du alter Fuchs.

Stirb!

Das war's wohl ...

Tsching

Du schon wieder?

Was bildest du dir ein?!

Was ist dein Rang?

Ich bin
Jin-Woo
Sung.

E-Rang-
Hunter.

E-Rang,
sagst du?

Pah!

Als ob.

Ein zweites Erwachen.

Was?!

Ein zweites Erwachen?!

Ihre Reaktionen lassen darauf schließen, dass es erst kürzlich passiert sein kann.

Stimmt, letztens hat Abteilungsleiter Woo jemanden des zweiten Erwachens verdächtigt und aufgesucht.

Jedenfalls scheinst du wenig Erfahrung als Hunter zu haben.

Warum tust du das?

Das hier?

Du willst wissen, warum ich die Sträflinge getötet habe?

Ich rede von allem hier.

Ah ...

Dein Gesicht ist ja mörderisch.

Entspann dich. Ich habe meine Gründe.

Was ist der Grund?

Patt

Wenn man Müll auf dem Boden sieht, ärgert man sich ...

... aber keiner hebt ihn auf.

Einer der Gefangenen hat meiner Tochter etwas Unsägliches angetan.

Warum wollen Sie ihn dann aufheben und entsorgen?

Bei dem Gedanken kann ich nicht ruhig schlafen.

Ich verstehe.

Daraufhin hat sie sich erhängt.

Meine Frau liegt wegen dem Schock noch immer im Krankenhaus.

Wenn ich daran denke, dass er nach all dem in ein paar Jahren in die Freiheit entlassen wird ...

Ich werde Ihnen meine Dienste für 3 Milliarden Won anbieten. Seien Sie unbesorgt.

Ich kann doch nicht die Bitte eines Vaters, an dessen Tochter sich einer von denen verging, ablehnen.

Deshalb habe ich den Preis erhöht, aber er war einverstanden.

So weit sollte es gar nicht kommen, denn ich will euch nicht wehtun.

Wenn ihr versprecht kein Wort über das hier zu verlieren, lasse ich euch gehen.

Na ja ...

Du ...

... scheinst mir aber eine Lektion erteilen zu wollen.

Zuck

Zuck

Ich hatte nie vor, dir zu vertrauen.

Warum sollte ich jemandem glauben, der vorhin so viele Lügen aufgetischt hat?

89

Wusch

Tsching

Hah! Es ist egal, ob du mir vertraust oder nicht.

Ich habe nur Mitleid mit denjenigen, die bei der Insekten-jagd sterben.

Dann bist du wohl auch bemit-leidenswert.

Was?

오싹
Beb

오싹
Beb

Ich weiß zwar nicht, wie viele Ränge du gestiegen bist, aber mach dich auf was gefasst!

Weil du auch sterben wirst.

Du bist zu lahm.

Nicht schlecht.

Wie kann er so schnell sein?!

Mehr hast du nicht drauf?!

Auch wenn die Augen mithalten, hilft's nichts, wenn's der Körper nicht kann!

Jin-Woo!

Halte durch!

Haste und Burn Booster.

Das wird schwerer, als ich dachte.

Tsching

Tsching

Tsching

Tsching

Tsching

Wir sind etwa gleich stark, doch ich besitze viel mehr Erfahrung als er.

Das wird sein Untergang!

Wenn du sie beschützen willst, mach es ordentlich!

Tschang

Swusch

Jin-Woo!

Du bist hart
im Nehmen.

Du solltest
deine Mordlust
bändigen.

Darauf
reagiere ich
empfindlich.

Pling

— ✕

Eine Notfallquest
wurde ausgestellt.

Dapp

Tsching

Dapp

Wir beide gehören zu einer Klasse, die schnell ist und Dolche nutzt.

Tsching

Tsching

Außerdem sind wir Kämpfer, die auf Meuchelmord spezialisiert sind.

Tsching

Da bin ich doch der beste Mentor für dich, nicht?

Tsching

Ja, ich lerne viel von dir.

Zum Beispiel, dass es erbärmlich ist, im Kampf so viel zu reden.

Fähigkeit: Sprint wird angewendet.

Geschwindigkeit nimmt um 30 % zu. Es wird 1 Mana pro Minute verbraucht.

Swusch

Tsching

Er ist noch schneller geworden?!

Benutzt er auch Fähigkeiten?!

Effekt: Lähmung wird aktiviert.

Gift?!

Effekt: ██████ wird aktiviert.

Der Gegner verliert 1 %
seiner Lebenspunkte pro Sekunde.

Ich ver-
stehe, es ist
dein Dolch.

Er besitzt
wohl besondere
Effekte.

Wusch

Die Resistenz des Gegners ist zu hoch. Der Effekt wird annulliert.

— X

Die Effekte wirken nicht lang, weil er stark ist?

Nicht übel.

Nun bin ich dran, dir was zu zeigen.

Fschhh

Was ist passiert?

Ich kann ihn nicht mehr spüren.

Obwohl ich mich komplett verborgen habe, konntest du dich verteidigen.

Du hast echt scharfe Sinne.

Fähigkeit:
Verstohlen-
heit.

Du kannst
mich weder se-
hen noch hören
oder riechen.

Nur eine Hand-
voll Assassinen
besitzen diese
Fähigkeit.

Natürlich
weiß niemand,
dass ich sie be-
herrsche ...

A
a
a
h
!

... denn es
hat keiner über-
lebt, um davon
zu erzählen.

Wusch

Tschack

Ich habe
die Sehne
durchtrennt.

Das ist
sicher heilbar,
doch eure ...

... Heilerin
kann auf dieser
Distanz nur ein-
fache Heilzauber
wirken.

Jin-Woo!

Keine dummen Sachen. Bleib, wo du bist.

STOPP
멈칫

Du bist als Nächstes dran.

Das sieht nicht gut für Jin-Woo aus.

Wir können nicht mal Hilfe holen ...

Mit meinen Fähigkeiten bin ich ihm vielleicht keine Hilfe ...

... aber ich sollte für seine Heilung Zeit gewinnen können.

Wie willst du mir in diesem Zustand standhalten?

Deine Schnelligkeit ist nun nutzlos.

Wie lange braucht dein Bein wohl ...

... um zu heilen?

Hunter Kang ...

Du redest mir zu viel.

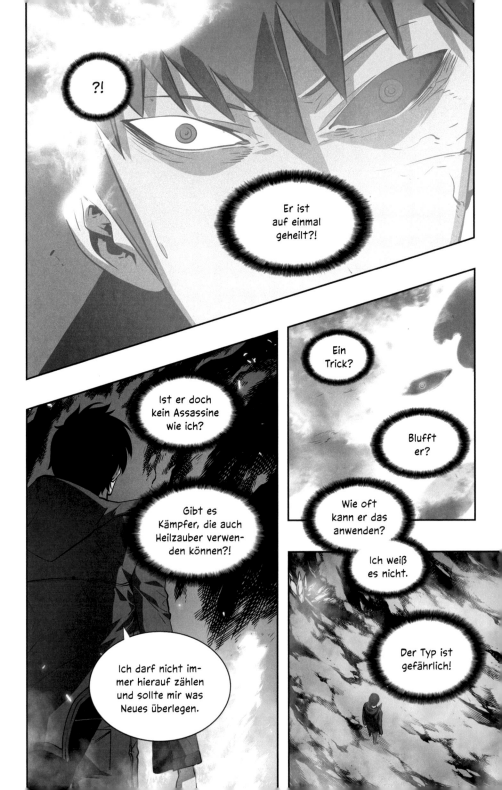

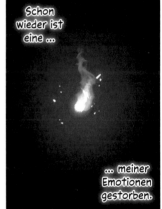

Schon wieder ist eine ...

... meiner Emotionen gestorben.

Für Leute wie dich ist es sogar zu schade, wütend zu werden.

Swusch

Er hat mich wieder trotz Verstohlenheit gesehen?!

Du zielst also auf meinen Hals.

Tapp

Ah ...

Ich weiß, wie du dich von den anderen unterscheidest.

Du hast schon mal Menschen getötet.

Du bist wie ich!

Ha ha

Verstehe ...

Hunter erleben unzählige Leben-oder-Tod-Situationen.

Um zu überleben, hat er sein Leben riskiert und andere getötet.

Er war gezwungen in kurzer Zeit schwierige Entscheidungen zu treffen.

Er hat sich also nicht nur äußerlich verändert.

Die ...

... ungeahnten Kräfte des Erwachens haben neue Gesetze gefordert.

Regeln, die nur für uns Hunter gelten.

Denn Gesetz und Moral gelten nicht für uns.

Das Gesetz des Stärkeren.

Deshalb werde ich nun Ernst machen.

Ah!

Ich weiß, wie er Verstohlenheit durchschaut.

— X

Fähigkeit: Mordlust wird aktiviert.

Die Fähigkeit verbirgt zwar meine Präsenz, doch sobald ich mit Mordlust zuschlagen will, spürt er dies.

Darauf hat er es abgesehen.

Er sollte aber nicht wissen können, von wo genau ich angreife.

Ich muss unberechenbar sein.

Diese tiefe Finsternis ...

Ist das sein Schatten?

W... Wer bist du?

Hust

»Wer mit Ungeheuern kämpft ...

... mag zusehen, dass er nicht dabei zum Ungeheuer wird.

Und wenn du lange in einen Abgrund blickst ...

... blickt der Abgrund ...

... auch in dich hinein.«

– Friedrich Nietzsche

Hunter sehen zahllose Tode und nehmen zahllose Leben.

Wir stehen nicht nur Monstern, sondern auch Menschen gegenüber.

Wir sind ausgezeichnete Killermaschinen.

Du bist nicht anders.

Du wirst uns Hunter doch nicht mit normalen Menschen in einen Topf werfen, oder?

Na ja ...

Weil ich verloren habe, sterbe ich.

Das ist die Ordnung der Welt.

Eins will ich aber wissen.

Was bist du?

Ich hab noch nie von einem ...

... Assassinen, der sich heilen kann und Debuffs beherrscht, gehört.

Tja, das wüsste ich auch gerne.

Weil ich so viel rede, hältst du mich für erbärmlich ...

Hah

Hah

... aber zu viele Geheimnisse tun auch nicht gut.

Nach dem heutigen Vorfall wirst du deinen wahren Rang nicht mehr verheimlichen können.

Urgh!

Effekt: Lähmung wird aktiviert.

Effekt: Blutung wird aktiviert.

...

Nehmen wir an, ich bin ein Hunter, der mit jedem Kampf stärker wird.

Was glaubst du, wie stark kann ich noch werden?

... warum fühlt es
sich jedes Mal so an,
als würde etwas in mir
kaputtgehen, wenn
ich stärker werde?

Jin-Woo
...

Danke.

Ja,
danke.

Wenn du
nicht gewesen
wärst, wären
wir alle tot.

Was sollen
wir machen?

Sollten wir nicht
rausgehen und es
der Vereinigung
berichten?

Wir sollten
den Dungeon
schließen.

Willst du
den Boss etwa
alleine ...

Da ich ge-
sehen habe, was
du kannst, werde
ich dich nicht
aufhalten.

Ich wünschte,
wir könnten
sie ordentlich
beerdigen.

Was für ein
Unglück.

Tschack

Ich kann hiermit seine Fähigkeit er- lernen?

Jin-Woo, wir gehen vor und melden das.

Ich warte dann draußen. Bitte beeile dich.

Es wird nicht lange dauern.

Ich weiß, dass du lebst.

Steh auf.

Warum hast du dich tot gestellt?

Wolltest du etwa heimlich weglaufen?

Du kannst nicht reden?

Wie grausam von ihm.

Urgh ...

Er hat deine Stimmbänder erwischt.

Nicht in der Lage zu schreien, solltest du sicher grausam getötet werden.

Du wirst noch verbluten.

Wenn Ju-Hee dich heilt, wirst du überleben.

Ich werde leben!

Moment ...

Halt still.

Srrt 쉬

Srrt 쉬

Das ist nicht der Ausgang!

Das ist ...!

Erinnerst du dich an die Gesichter deiner Opfer?

Du bist widerwärtiger als Hunter Kang.

Warum sollte ich so einen wie dich rauslassen?

Zitter

Zitter

Danach den
Hobgoblin-Boss zu
besiegen, war nicht
sonderlich schwer.

Ein lautloser
Schrei hallte durch
den Dungeon.

Kapitel 7

Seltsame Raids

solo leveling

Ju-Hee und Herr Song haben den Dungeon zuerst verlassen und den Vorfall gemeldet.

Die Mitarbeiterin hat dies wiederum sofort ihren Vorgesetzten berichtet.

Daraufhin sind schnell Senior-Agenten der Überwachungsabteilung eingetroffen.

Quietsch

Wie lange ist es her, dass der Boss erlegt wurde?

Etwa 40 Minuten.

Wir sind zu spät. Es bleiben nur noch 20 Minuten.

Sollten wir die Leichen nicht innerhalb acht Minuten bergen können, müssen wir sie aufgeben.

Tae-Shik Kang soll beauftragt worden sein, alle anderen Hunter zu töten?

Wenn das wahr ist, wäre es doch besser, wenn wir die Leichen finden. Warum haben sie den Boss erlegt?

Sie müssen etwas verbergen wollen.

Die überlebenden haben den Boss erledigt?

Ja.

Hunter Jin-Woo Sung?

Ist er das wirklich? Er hat sich verändert.

Es ist lange her.

Ah, Sie sind es.

Jin-Cheol Woo von der Überwachungsabteilung.

Einer unserer Agenten hat Ihnen große Probleme bereitet.

Eine offizielle Entschuldigung gibt es, sobald wir alle Fakten zusammengetragen haben. Die Untersuchung wird jedoch von der Ermittlungsabteilung geleitet.

Ich sollte mich nicht toll fühlen, nur weil ich einen B-Rang-Hunter besiegt habe.

Damals fiel es mir nicht auf, aber ...

... er ist stark.

Die Überwachungsabteilung würde Ihnen gerne noch einige Fragen zum Vorfall stellen.

Wir bitten um Ihre Kooperation, um der Sache schnellstens auf den Grund zu gehen.

Er spielt in einer ganz anderen Klasse.

Er muss ein A-Rang sein!

Mit meinem jetzigen Level hätte ich keine Chance.

Selbstverständlich.

Lassen Sie mich gleich zur Sache kommen.

Wer hat den Hunter Tae-Shik Kang getötet?

Ich kann mein zweites Erwachen wohl nicht länger geheim halten.

Da Jin-Ho einen starken Hunter mit ...

... niedrigem Rang braucht, wird aus unserem Deal nichts.

Das war ich.

Ich habe Hunter Kang getötet.

Dürfte ich Sie fragen, welchen Rang Sie haben?

C-Rang.

Wie konnten Sie einen B-Rang ...

Sehen Sie nicht, wer hinter mir steht?

Ich schätze, mit guter Unterstützung wäre es möglich.

Tae-Shik Kang war aber innerhalb unserer Abteilung nicht zu bändigen.

Ist ein C-Rang-Hunter wirklich dazu in der Lage?

Dann kommen Sie bitte mit. Wir müssen das protokollieren.

Herr Song.

Warum haben Sie gelogen?

Du wirst bestimmt gute Gründe haben, warum du deine Stärke verheimlichst.

Wäre das nicht notwendig gewesen?

Den Ermittlungen kann ich mich eh nicht entziehen.

Es ist nicht viel, aber ich wollte mich revanchieren.

Hunter Sung.

Ich bezweifle, dass Sie Hunter Kang besiegen könnten ...

... weil es unnötig sein sollte, Sie noch mal eines zweiten Erwachens zu verdächtigen.

Aber Sie sollten aufpassen ...

... sonst haben Sie nicht mehr lang zu leben.

Wovon reden Sie?

Der Vorfall mit Dong-Suk Hwang.

Nur Sie und ein D-Rang-Hunter haben überlebt.

Hwangs jüngerer Bruder, Dong-Su Hwang könnte es auf Sie absehen.

Sie reden von dem S-Rang-Hunter?

Ja.

Die Wahrheit wird keine Rolle spielen.

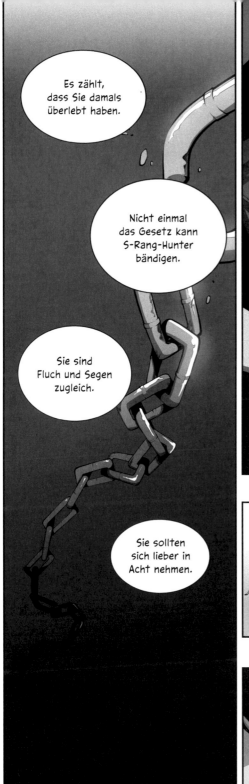

Es zählt,
dass Sie damals
überlebt haben.

Nicht einmal
das Gesetz kann
S-Rang-Hunter
bändigen.

Sie sind
Fluch und Segen
zugleich.

Sie sollten
sich lieber in
Acht nehmen.

Ein Monster,
vor dem sogar
Monster Angst ha-
ben, könnte hinter
Ihnen her sein.

Es könnte auch
eine gute Idee sein,
mit Ihren Angehö-
rigen das Land zu
verlassen.

Drei Stunden später hat sich der CEO von Geumgang Industries ...

... der Polizei gestellt und der Vorfall wurde zur Notwehr erklärt.

Wah

Jin-Woo.

Kannst du dich hieran erinnern?

Status

Name:	Level:	27
Jin-Woo Sung	Erschöpfung:	0
Klasse: Keine		
Titel: Wolfstöter		
LP: 5114		

MP: 548

Str:	72	Vit:	43	
Agi:	82	Int:	39	
Wahr:	69			

Verminderung des
physischen Schadens: 20 %   aktiv

Zu verteilende Punkte: 5

ⓘ Fähigkeiten

Passive Fähigkeiten

? (Unbekannt)	MAX
👤 Beharrlichkeit	Lv. 1

Aktive Fähigkeiten

🏃 Sprint	Lv. 1
Mordlust	Lv. 1

Item: Halskette des Wächters
Rang: A
Art: Halskette

Agilität +20, Wahrnehmung +20

Du hast dich sehr verändert.

Ich hingegen aber nicht.

Ehrlich gesagt war ich anfangs genervt, dass du dich so oft verletzt hast.

Ich hielt dich für waghalsig und dumm.

Doch
...

...
du hast jedes Mal überlebt.

Deine Augen haben geschrien ...

... dass du überleben wirst.

Ich werde das nie haben.

Du hast gesagt, dass wir zusammen was essen, wenn wir es überleben, nicht?

Ich gebe dir
das zurück.

Sag bloß
...

Ja, ich werde aufhören.

Ich fahre zurück zu meinen Eltern.

Melde dich bei mir, wenn du mal in Busan bist.

Ich lade dich zum Essen ein.

Wenn ich dort bin ...

... werde ich dich nach einem Essen fragen.

Gut!

끄
아
Gnn

Ich habe nun noch einen Grund, stärker zu werden.

S-Rang-Hunter Dong-Su Hwang.

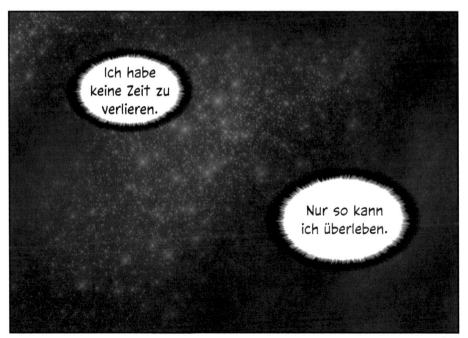

Ich habe keine Zeit zu verlieren.

Nur so kann ich überleben.

Was meinst du?

Das hier sind die Mitglieder unserer Raidgruppe!

Hey, Jin-Ho.

Was ist hier los?

Hunter mit einer Lizenz, die nicht kämpfen können ...

Verletzte ...

... und solche, die in finanziellen Schwierigkeiten stecken.

... Alkoholiker ...

Die meisten sehen das als Nebenjob.

...?

Hast du mich ein Kind genannt?!

Ich bin auch ein richtiger Hunter!

Dürfen Kinder hier sein?

Solange sie erwacht sind, gibt es rechtlich keine Probleme, wenn Minderjährige teilnehmen.

Die wollen da zu zweit rein?

Wie stark sind die?

Ähm ... Stimmt es, dass jeder für seine bloße Anwesenheit bereits 3 Millionen* bekommt?

* Etwa 2.275 €.

Ja, ihr ...

... bekommt 3 Millionen pro Raid.

Dafür, dass ihr nicht kämpft, ist das ein guter Lohn.

Ihr müsst nur am Gate auf unsere Rückkehr warten.

Alles, was hier passiert, bleibt aber vertraulich.

Wer gegen die Vertraulichkeitsklausel verstößt, muss, wie im Vertrag vereinbart, das Zehnfache an Schadensersatz zahlen.

Ich trau mich gar nicht zu fragen, aber sag mal ...

Was zum Henker trägst du da?

Das ist
die Rüstung eines
italienischen Meister-
schmieds, die meine
Kraft steigert.

Da nur wir
beide reingehen,
muss ich doch gut
vorbereitet sein,
nicht?

TiPP

Wumm

Zieh sie
bitte aus.

Okay
...

Jin-Woo
...

Hilfst du
mir bitte
auf?

Flapp

Flapp

Los geht's!

Ich werde aber etwas nervös.

Was zum ...

Meint er das ernst?

Der Helm könnte nütz-lich werden.

Schon gut. Lass uns gehen.

Die beiden wollen wirklich den Dungeon bewältigen?

Sonderlich stark sehen sie aber nicht aus ...

Flüster

Flüster

Flüster

Wenn sie wirk-lich so stark sind, wäre es nicht besser, einer großen Gilde beizu-treten und mit denen zu raiden?

Was ist, wenn sie hier draufgehen?

Wir wur-den schon bezahlt, von daher ...

Ich kenne Jin-Woo Sung.

Er wird der schwächste Hunter der Welt genannt.

Was ist denn das für ein Spitz-name?

Der Anführer ist doch ein D-Rang.

155

Ach, die überschätzen sich nur.

Puh 후우

Die Jugend ist einfach zu waghalsig.

Hah

Hah

Hah

Sie sind zurück!

Ihr seid wohl weggelaufen.

Glück gehabt.

Sie sind nicht weggelaufen!

Seht doch!

Das Gate schließt sich!

Brrrz

Ich glaub's nicht! Sie haben den Boss besiegt?

Wohin nun?

Es ist etwa eine Stunde entfernt.

Es geht weiter!

. . . . . .

Wir müssen heute drei schaffen.

Das ist eure Chance, heute 9 Millionen* zu verdienen. Ihr kommt mit, oder?

Äh ... Na klar ...

Sie haben einen C-Rang-Dungeon bewältigt und wollen nun auf noch einen Raid?

* Etwa 6.825 €.

Was sind das für Typen?!

Gilde Weißer Tiger

Sehen Sie sich das an!

Was? 250 Millionen Won*?!

Wer würde denn so viel für ein C-Rang-Gate bezahlen?!

Das Einstiegsgebot war 70 Millionen**. Als ich 100*** geboten habe, haben sie es einfach für 250 Millionen gekauft.

Weil ein Team zur Zeit alle C-Rang-Gates ersteigert, gibt es keine mehr, um unsere Leute zu trainieren.

* Etwa 190.000 €.

** Etwa 53.000 €.
*** Etwa 76.000 €.

Der Anführer heißt Jin-Ho Yoo?

Das sagt mir nichts.

Er ist der Sohn des Präsidenten von Yoojin Constructions.

Das muss doch ein Verlustgeschäft sein.

Wahrscheinlich kaufen sie die Gates mit dem Geld der Firma.

Ist das für ein Hobby eines reichen Kindes nicht übertrieben?

!

Gi-Cheol, bei dem Vorfall mit dem versteckten Dungeon gab es einen Überlebenden, oder?

Ja, ich bin mir sicher, er heißt ...

Jin-Woo Sung, nicht wahr?

Ja, genau.

Hören Sie mit Ihrer derzeitigen Arbeit auf! Ich brauche alle Informationen über Hunter Jin-Ho Yoo ...

... und Jin-Woo Sung, die Sie finden können!

Sofort!

Hier stimmt etwas nicht.

타닥 TIPP

TIPP

타닥

Hunter Sung hat drei Vorfälle unbeschadet überlebt.

Der versteckte Dungeon ...

... der Raid mit Dong-Suk Hwang ...

... und der Vorfall mit dem Hunter der Überwachungsabteilung.

Jin-Woo Sung und Jin-Ho Yoo haben sich beim zweiten kennengelernt.

Außerdem gehört Hunter Yoo zu Yoojin Constructions.

Es gibt Gerüchte, dass Präsident Myoung-Han Yoo fähige Hunter sucht, um eine Gilde zu gründen.

Wenn das wahr ist, würde das Hunter Yoos Beteiligung erklären.

Sie wollen gute Hunter ...

Hunter Sung ist aber E-Rang.

Dennoch bewältigen sie die Gates.

Er muss also ...

... ein zweites Mal erwacht sein!

Hunter Sung ist ein weiteres Mal erwacht?!

Im neuesten Fallbericht steht zwar, dass ein C-Rang-Magier und eine B-Rang-Heilerin gemeinsam den Hunter der Überwachungsabteilung gestoppt haben, aber das ist Unsinn.

Der Gegner war ein B-Rang-Assassine.

Magier sind vor allem anfällig für Assassinen. Außerdem hätte er sicher die Heilerin zuerst erledigt.

Es war also ein Kampf zwischen einem C-Rang-Magier und einem B-Rang-Assassinen.

Genau. Wie hätte er sonst das alles überleben sollen?

Jedes Mal sind die meisten Beteiligten gestorben.

Es gibt keine andere Erklärung dafür.

Jemand anderes muss ihn also besiegt haben.

Die einzigen Überlebenden waren der Magier, die Heilerin und Hunter Jin-Woo Sung.

Es gibt also nur einen Verdächtigen.

Herr Ahn, ich verstehe das, aber ...

Wohin gehen wir gerade?

Ist das nicht klar?

떡
Hrapp

떡
Hrapp

Zitter 덜덜...

슈
우
우

Fschhh

165

Er hat das die ganze Zeit geheim gehalten?

Es ist, als wäre er stärker geworden.

Puh 휴우...

Status

Name:
Jin-Woo Sung
Klasse: Keine
Titel: Wolfstöter
HP: 7229

Level: 39
Erschöpfung: 0

MP: 638

Str: 97 Vit: 59
Agi: 97 Int: 51
Wahr: 81

Verminderung des
physischen Schadens: 20 %   aktiv

Zu verteilende Punkte: 0

Nicht nur ist mein Level gestiegen, ich habe auch coole neue Fähigkeiten.

ⓘ Hinweis

Das Level von Sprint ist gestiegen.

ⓘ Hinweis

Fähigkeit: Kritischer Treffer Lv. 1 wurde erlernt.

ⓘ Hinweis

Fähigkeit: Fortgeschrittene Dolchkunst Lv. 1 wurde erlernt.

atus

Level: 39
Erschöpfung: 0

7 Vit: 59
7 Int: 51
1

s: 20 %
verteilende P

ⓘ Fähigkeiten

Aktive Fähigkeiten

Verstohlenheit   Lv. 1

Dank des Runensteins habe ich Verstohlenheit gelernt.

Gluck
Gluck

Item: Mana-Trank
Rang: E
Art: Verbrauchsgut

Ein Trank, der 500 Mana
wiederherstellt.

Ich sträub mich noch etwas, ihn einzusetzen, aber er ist sehr nützlich.

Das Problem ist die Dauer.

Ich sollte von nun an mehr Punkte in Intelligenz stecken.

Tschack

Tschack

Tschack

Nicht
übel.

Ding

Hinweis

Du hast das nächste
Level erreicht!

Hinweis

Der Spieler hat das
notwendige Level erreicht.

Das
notwendige
Level?

Der Spieler hat das
otwendige Level erreicht.

① Quest-Beschreibung

Du hast die Quest:
Klassenwechsel erhalten.

Pling
피링

① Quest-Beschreibung

Quest annehmen?

Annehmen   Ablehnen

Status

Name: Level: 40
Jin-Woo Sung   Erschöpfung: 0
Klasse: Keine

Klassen-
wechsel?

Was zum ...

Was ist hier los?

Warum sitzen alle vor dem Gate?

Das ist ja ein Picknick!

Wer sind Sie? Sie dürfen sich nicht hier aufhalten.

Was ist mit der?

Hör zu, Kleine, du solltest Erwachsene nicht bei der Arbeit stören.

Er hat recht. Gates sind gefährlich!

Behandeln Sie mich nicht wie ein Kind. Ich bin Hunter.

Was?

Gehörst du zu der Gruppe?

...

Ja.

Ob ich für die Antwort Probleme krieg?

Die beiden sind ganz allein in den Dungeon gegangen?!

Wenn ich recht habe, ist Hunter Sung ...

... der Rookie des Jahrhunderts!

Der Anführer ist zurück!

Packt zusammen!

Wie sieht es mit den Gates morgen aus? Ich muss etwas Wichtiges erledigen und brauche den Tag frei.

Morgen?

Ich habe bereits einige reserviert, aber wenn es dringend ist, stornier ich sie.

Wär das nicht Geldverschwendung?

Wenn wir innerhalb von zwei Tagen nicht reingehen, verlieren wir automatisch die Zutrittserlaubnis.

Hm ... Lass es erst mal so.

Hunter Sung.

Guten Tag. Ich bin Sang-Min Ahn, Leiter der zweiten Abteilung der Weißen Tiger.

Die Weißen Tiger?

Sie haben doch bestimmt schon mal von den Hunters, Reapers, Rittern, Ruhm und uns, den Weißen Tigern gehört.

Ich muss Ihnen sicher nicht erzählen, dass wir zu den führenden Gilden in Korea zählen.

Ich möchte nicht um den heißen Brei herumreden.

Wir möchten Sie für die doppelte Summe rekrutieren, die Ihnen Yoojin Constructions bietet.

Es gibt keinen Grund, das hinauszuzögern.

Wir können auch mehr anbieten, wenn Sie glauben, dass Sie mehr wert sind.

Und?

Dieses verlockende Angebot kann er nicht ausschlagen!

Wie?

Wovon redet er?

Wir benutzen momentan zwar nicht das gesamte Gebäude, aber es sollte 50 Milliarden Won* wert sein.

Das wollen Sie mir dann geben?

Wie viel ist das Gebäude der Weißen Tiger wert?

* Etwa 38.000.000 €.

Ich verstehe nicht ganz ...?

30 Milliarden Won**?!

** Etwa 21.320.000 €.

D

Hust
크흠

Yoojin Con-
structions hat
mir eine Immobilie
von diesem Wert
angeboten.

Wie stark muss
er sein, dass Yoo-
jin ihm so viel ver-
spricht? Er wurde
noch nicht mal
neu evaluiert.

Wenn Sie mir
nicht glauben,
kann ich es
beweisen.

Da Sie das
Doppelte anbieten,
würden Sie mir also
Ihr Gildengebäude im
Wert von 50 Milliar-
den überlassen?

Blufft er? Ich
kann das nicht
überprüfen.

Ich schätze,
er wusste nicht von
den Details, wenn er
einfach so das Dop-
pelte geboten hat.

D... Das
ist kein Bluff!

Ähm ... So
hohe Summen
liegen außerhalb
meines Autori-
tätsbereiches.

Wenn Sie
mir etwas Zeit
geben, würde ich
mit meinen Vor-
gesetzten ...

Dann ist
unser Gespräch
wohl hier be-
endet.

스윽 Sst

Ich war zu ungeduldig.

Ich hätte zuerst herausfinden müssen, wie viel Yoojin ihm bietet, und ihn dann mithilfe der Gilde ...

Ach ja ...

Wie haben Sie von mir erfahren?

Sie haben mir hinterhergeschnüffelt, oder?

Was ...?

Sst

Tropf
ㅈ르그

Er ist unsichtbar?

Nicht umdrehen.

Wenn er auch Verstohlenheit beherrscht, ist es kein Wunder, dass sie so viel bieten!

Es war keine Absicht.

Weil jemand in unserem Gebiet alle C-Rang-Gates gebucht hat, sind wir dem nachgegangen und dabei auf Sie gestoßen.

Wir haben zwar keine Beweise ...

... aber wir glauben, dass Sie ...

... die drei Vorfälle überlebt haben, weil sie ein zweites Mal erwacht sind.

Nachdem Hunter Yoo zufällig Ihre Fähigkeiten gesehen hat, testet er Sie nun für die Gilde seines Vaters.

Weil das die einzige logische Erklärung war, bin ich hier.

Ob der Chef es schafft?

Wer weiß noch von mir?

Nur ich und einer meiner Mitarbeiter.

Wir sind auf-
gefallen, weil wir
zu viele Gates
gebucht haben.

Ich möchte
nicht, dass mehr
Leute über mich
Bescheid wissen.

Darf ich
davon ausgehen,
dass Sie und Ihr Mit-
arbeiter schuld sind,
falls noch mehr Leute
über mich reden?

Eigentlich
müsste ich das
alles dem Gilden-
meister berich-
ten ...

... aber
ich bin nicht
lebensmüde.

Ich werde
...

... es auch Gi...
meinem Mitarbei-
ter eintrichtern.

Danke.

Indem wir alle C-
Rang-Gates gebucht
haben, müssen wir
Ihnen Probleme be-
reitet haben.

Fschhh

Leider
haben wir
nicht vor, auf-
zuhören.

Das ist
ein Problem.
So können wir
unsere Neuzu-
gänge nicht
trainieren.

Wir können
sie ja nicht zu
schwereren Gates
schicken.

Gern.

Wie?

W... Wir haben einen Deal?

Drei Gates für insgesamt 600 Millionen Won*.

Ich habe noch ein Geschenk für Sie.

Öffnen Sie bitte Ihren Mund.

?

* Etwa 455.000 €.

Was?

Meine Ver-
letzung!

Dass Sie
mir Ihre Fähig-
keiten zeigen
...

... heißt das,
dass Sie mir
vertrauen?

Solange mein Ge-
heimnis bei Ihnen
sicher ist, schon.

Herr
Ahn!

Was war
das?

Lief es
nicht gut?

Gi-Cheol
...

Er ist womöglich
noch stärker, als wir
angenommen haben.

Jin-Woo,
sie haben
überwiesen.

Es sind
wirklich 600
Millionen!

Und ich wollte sie stornieren ...

Wie hast du das geschafft?!

Geschäftsgeheimnis!

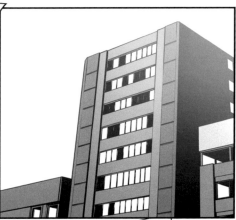

Herr Ahn!

Management, Abteilung 2

Herr Ahn!

Was? Hier sind so viele C-Rang-Gates frei?!

Ja, und sie werden für unter 10 Millionen Won gehandelt.

Nicht wahr ...

Hunter Yoo hat noch kein einziges reserviert.

부들 Zitter

Wir wurden übers Ohr gehauen.

Sie hatten morgen gar nicht vor zu raiden.

부들 Zitter

Nicht nur konnte ich ihn nicht rekrutieren, auch wurde ich betrogen!

Was für ein dummer Fehler ...!

Hat er aber keine Angst, dass ich seine Identität enthülle?

Brrr

여봉

Eine unbekannte Nummer?

Sie haben eine neue Nachric...

Unbekannte Nummer

XXX-XXXX-XXXX

Hier ist Jin-Woo Sung. Da Sie mir nachgeschnüffelt haben, sind wir hiermit quitt.

Geschäfte sollte man nur auf Grundlage von Vertrauen machen, was?

Er ist nicht zu unterschätzen ...

... dieser Junge.

Kapitel 8

Klassenwechsel

So ...

Los geht's.

Ein Klassen-
wechsel?

Klingt inte-
ressant.

Was für
Monster ich
wohl treffen
werde?

Ich hab das
Gefühl ...

... dass es
jetzt erst
richtig los-
geht.

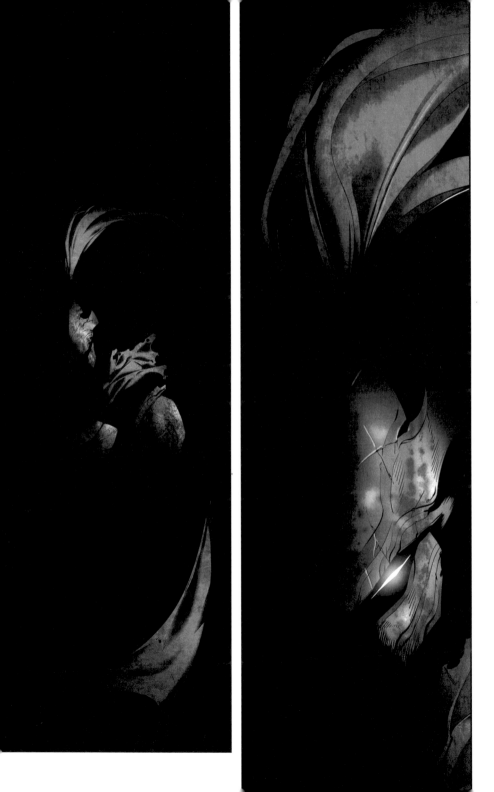

Swusch

Wusch

Tsching

Aktive Fähigkeiten

Kritischer Treffer   Lv. 1

Notwendiges Mana: 70
Nur mit Dolchen.
Deine Angriffe sind effizienter. Du kannst nun
die Schwachpunkte deines Gegners aufspüren,
um kritische Treffer zu verursachen.

Tsching Tsching

Tsching

Meine An-
griffe bewir-
ken nichts!

So stark
ist er aber
nicht.

Ich komm
mit der Klinge
nicht durch, weil
die Rüstung zu
dick ist.

Wusch

Hinweis

Fähigkeit: Sprint wird angewendet.
Geschwindigkeit nimmt um 30 % zu.
Es wird 1 Mana pro Minute
verbraucht.

Er ist träge
und nicht sehr
stark.

Nur seine
Verteidigung
ist beeindru-
ckend.

Wusch

Weiß er nicht,
dass ausschweifende
Bewegungen mir nur
mehr Kontermög-
lichkeiten bieten?

Ich habe bereits Erfahrung mit dicken Panzern.

Grapp

Krach

⚠ **Hinweis**

— x

Du hast den Ritter besiegt!

Gasch

Wie beim Instant-Dungeon komme ich hier wohl nicht raus, solange ich nicht durch bin. Ich sollte mit meinem Mana sorgsam sein.

Das Nervigste ist, dass ich mich nicht heilen kann.

Hinweis

Du kannst den Dungeon nicht verlassen, bis die Klassenwechsel-Quest abgeschlossen ist.

Hinweis

In diesem Dungeon können Tränke und der Shop nicht benutzt werden. Dein Status wird beim Levelaufstieg auch nicht wiederhergestellt.

Verstohlen-heit oder Kritischer Treffer sind zwar effektiv, aber verbrauchen zu viel Mana.

Aktive Fähigkeiten

Verstohlenheit — Lv. 1

Notwendiges Mana: 200
Diese Fähigkeit verschleiert deinen Körper und deine Präsenz.
Es werden 10 Mana pro Sekunde verbraucht.

Aktive Fähigkeiten

Kritischer Treffer — Lv. 1

Notwendiges Mana: 70
Nur mit Dolchen.
Deine Angriffe sind effizienter. Du kannst nun Schwachpunkte deines Gegners aufspüren, um kritische Treffer zu verursachen.

Außerdem kann ich auch nicht fliehen.

Dieser Dungeon ist gefährlich.

Ich darf die Quest nicht auf die leichte Schulter nehmen.

Moment, ich glaub, ich hab die tägliche Quest noch nicht ...

... be-endet.

Wenn ich sie bis Mitternacht nicht schaffe, werd ich wieder von Tausend-füßlern gejagt ...

Ich muss hier schnell fertig werden.

Gasch

Das könnte echt knapp werden.

Aber davor ...

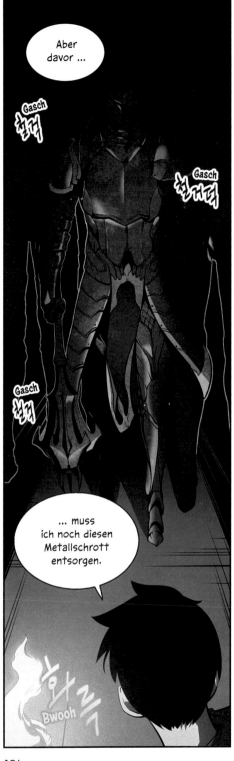

Gasch
천거덕

Gasch
천거덕

Gasch
천거

... muss ich noch diesen Metallschrott entsorgen.

Bwooh

Bwamm

Wusch

Wamm

Tapp

Wenn ich sie nicht schneiden kann, zerquetsch ich sie halt.

탁 Gasch

Gasch **탁**

① Hinweis

Du hast einen Ritter besiegt!
Du hast einen Ritter besiegt!
Du hast einen Ritter besiegt!

Einige hinterlassen echt gute Sachen.

Item: Lederbeutel
Art: Sonstiges

Beutel, um Geld zu tragen.

Item: Brustpanzer der hochrangigen Ritter
Rang: B
Art: Ausrüstung

Physischer Schaden wird um 7 % vermindert.
(Verlangsamt Geschwindigkeit, wenn Stärke unter 80 ist.)

Ein Glück, dass die Ausrüstung nicht sichtbar ist.

Man würde mich sonst auslachen.

Tschick

Schützt sie mich dann aber wirklich noch?

Item: Lederbeutel wurde geöffnet.

Du hast 30.000 Gold erhalten.

Ich habe zum ersten Mal Gold bekommen!

Auch noch so viel!

Gold: 863.400

Tschack

Fschhh

Er war un-sichtbar?

⚠ Hinweis

Du hast einen Assassinen besiegt!

Es sind Monster hier, die sich verbergen können?

변쩍
Bwoh

아 아 아
Bwusch

Diesmal ein Magier, der Lichtmagie beherrscht?!

Verstohlenheit? Und Lichtmagie, wie Gyu-Hwan Cho?

Als würde ...

Das wird schwieriger als gedacht.

Gegen jeden Monstertyp gibt es andere Eigenschaften, die sich als nützlich erweisen.

... ich vergangene Kämpfe wiederholen.

Stärke ist gut gegen die Ritter. Wahrnehmung hilft bei Assassinen, Agilität bei Schützen und Vitalität gegen Magier.

Wenn meine Stärke zu niedrig ist, kann ich die Rüstungen nicht zerstören.

Ohne ausreichende Wahrnehmung kann ich die Assassinen nicht aufspüren.

Weil ich so wenig Punkte in Intelligenz gesetzt habe, muss ich mit meinem Mana sparsam sein.

Erschöpfung: 66

Außerdem steigt meine Erschöpfung an. Ich muss mich beeilen!

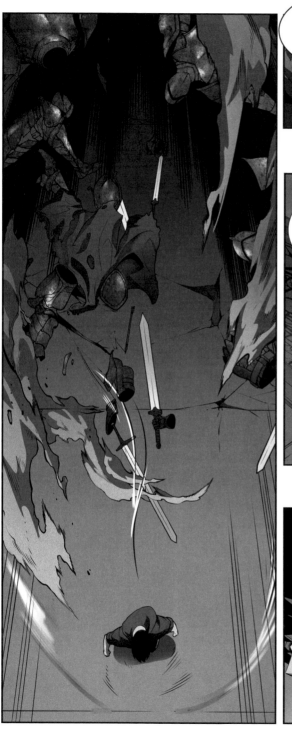

Da hab ich mir heut ja was vorgenommen.

Hah   Hah

Wenn sich das weiter zieht, sieht's übel aus.

Ich brauch eine kurze Pause, damit die Erschöpfung sinkt.

Sst

Grapp

Können die mir nicht mal eine Pause gönnen?!

빠

Krk 직

툭 DO

do 콰

do 콰

do 콰

Erst einige Stunden später, nachdem alle Monster besiegt waren, konnte ich mich ausruhen.

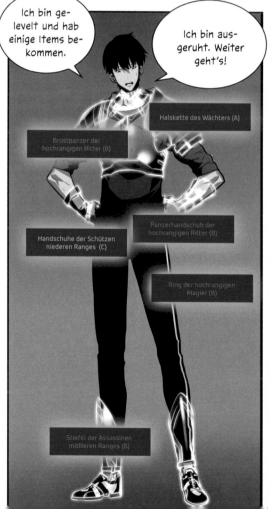

Die Boss-
kammer!

Quietsch

Die kalte Luft jagt
mir einen Schauer
über den Rücken.

Fwoh

DO

domm

Ein Thron-
saal?

Meine
Augen
...

... Ohren
...

Gasch

...
Finger-
spitzen
...

Mein ganzer
Körper erinnert
sich an dieses
Gefühl.

Es ist wie
im versteckten
Dungeon.

Diese kalte Aura ...

Grooooh

Kommt diese Energie von ihm?

Name:	Level:	45
Jin-Woo Sung	Erschöpfung:	43
Klasse: Keine		
Titel: Wolfstöter		
HP: 4511/8330		
MP: 660/790		

Gasch
철썩

펄럭
Flapp

Groh

Sein Name ist dunkelrot!

Dieser Ritter muss viel stärker sein!

Der Ritter, der den leeren Thron bewacht.

Er kommt!

Wusch

Womm

Tack

Er zerschnei-
det die Säulen
wie Tofu?!

Er ist
stark!

Krrrt

Ich komm
nicht durch!

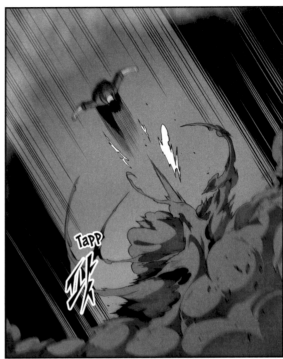

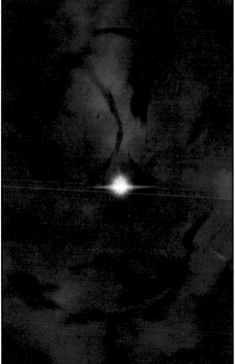

Meine Rüstung vermindert die Geschwindigkeit erst bei einer Stärke unter 80.

Seine muss also drüber liegen! Der Zerstörung nach ist er stärker als ich.

Schneller ist er auch.

Da mein Dolch nichts ausrichtet, muss er eine höhere Verteidigung haben.

Wie soll ich gegen ihn gewinnen?!

Es ist viel mächtiger, als ich dachte.

Ich glaube nicht, dass ich ohne Waffen gewinnen kann ...

... aber wenn ich nicht durch die Rüstung komme, bringen sie mir nichts.

Wusch

Es bleibt mir nur eins!

Ich bin extrem im Nachteil!

214

Klick
철컥

Tschack
뾱옥

Klonk
철거덕

Tschang
챙그랑

Ssst
스윽

Krk
끼릭

Wie ritterlich.

Aber du unterschätzt mich.

Wusch

Bwomm

Domm

Wamm

Urgh!

Bwomm

Wupp

Tapp

Trotz meiner Rüstung hab ich 500 Lebenspunkte verloren!

Hätte ich sie nicht gehabt ...

Poch

찌딧

찌딧 Poch

Gasch
철커덕

Gasch
철커덕

Wenn ich einen direkten Treffer kassiere, war's das.

Auch ohne Schwert ist er wahnsinnig stark!

Wie soll ich ...

... gegen so einen Gegner gewinnen?

Dapp

Vielleicht schaff ich's, wenn ich schneller bin!

Swuuusch

Gasch

Hinweis

Fähigkeit: Sprint wird angewendet.
Geschwindigkeit nimmt um 30 % zu.
Es wird 1 Mana pro Minute verbraucht.

Swusch

Gasch

Patsch

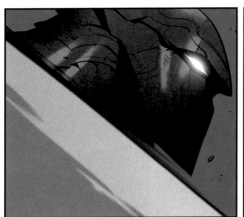

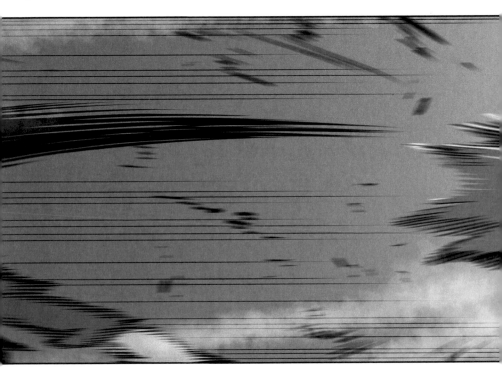

덥석

Grapp

퍼앙

Bwamm

Tschack

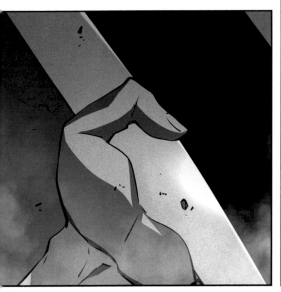

Item: Panzerhandschuh der hochrangigen Ritter
Rang:
Art: Ausrüstung

Physischer Schaden wird um 3 % vermindert.
(Verlangsamt Geschwindigkeit, wenn Stärke unter 80 ist.)

Effekt: Schützt vor Verletzungen an der Hand.

Grapp

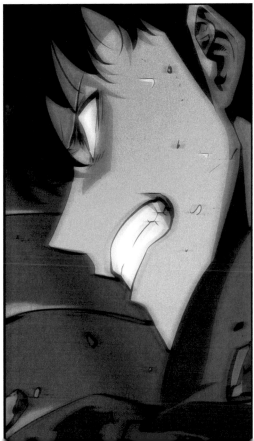

Als ob ich ihm den Dolch überlasse!

Stopp

Ich kann ihn einfach zurückholen ...

... indem ich ihn her-beirufe!

Hah

Hah

—X

① Hinweis

Du hast den ~~Blutroten Kommandanten Iark~~ besiegt.

—X

① Hinweis

Du hast das nächste Level erreicht!
Du hast das nächste Level erreicht!

Hah

Hah

Ich habe ...

... ge-
wonnen?

Mann, war
das knapp.

Zitter

Ich war ihm weder
in Fähigkeiten noch in
Technik oder Erfah-
rung überlegen.

Mein Sieg war Glückssache. Ein Fehler und ich wär draufgegangen.

Vielleicht kann ich es nun auch mit einem A-Rang-Hunter aufnehmen.

?

Items!

Du hast den Helm des roten Ritters, den Griff des Herrschers, einen Lederbeutel und einen Rückkehrstein erhalten.

Gleich vier Belohnungen auf einmal!

♪

Grapp
주섬

Grapp
주섬

Mein Leben zu riskieren hat sich voll gelohnt.

Item: Lederbeutel wurde geöffnet.

Du hast 1.500.000 Gold erhalten.

Das ist ja so viel, wie ich besitze!

Klimper
찰강

Klimper
찰강

Mein Gold hat sich ver-doppelt!

Gold: 3.115.629

Ich hab sogar ein S-Rang-Item bekommen!

Item: Helm des roten Ritters
Rang: S
Art: Ausrüstung

Physischer Schaden wird um 15 % vermindert.
Vitalität +20 %, Stärke +20 %.

Das ist mein erstes ausrüstbares Item von diesem Rang!

Sogar die Boni sind heftig.

Ssst

Die Schadensverminderung von 15 % ist echt klasse, aber der Helm bufft sogar meine Stärke und Vitalität um 20 Punkte!

Str:	128 (+20)	Vit:	87 (+20)
Agi:	127	Int:	6
Wahr:	89		

Verminderung des physischen Schadens: 46 % (+15 %)　aktiv

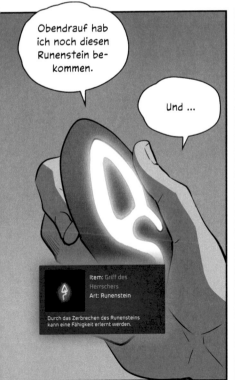

Obendrauf hab ich noch diesen Runenstein bekommen.

Und ...

Item: Griff des Herrschers
Art: Runenstein

Durch das Zerbrechen des Runensteins kann eine Fähigkeit erlernt werden.

Item: Sofortiger Rückkehrstein
Art: Verbrauchsgut

Exklusiv für die Klassenwechsel-Quest. Durch das Zerbrechen des Steins kann der Dungeon sofort verlassen werden. Dieser Rückkehrstein wird nach der Klassenwechsel-Quest zerstört. Er kann nicht im Inventar verstaut werden.

Ein Rückkehrstein?

Warum bekomme ich erst jetzt einen?

Das hier ist doch die Bosskammer.

Bedeutet das etwa ...

... dass die Quest noch nicht vorbei ist?

Domm

Item: Helm des roten Ritters
Rang: S
Art: Ausrüstung

Physischer Schaden wird um 15 % vermindert. Vitalität +20 %, Stärke +20 %.

Item: Griff des Herrschers
Art: Runenstein

Durch das Zerbrechen des Runensteins kann eine Fähigkeit erlernt werden.

Item: Sofortiger Rückkehrstein
Art: Verbrauchsgut

Exklusiv für die Klassenwechsel-Quest. Durch das Zerbrechen des Steins kann der Dungeon sofort verlassen werden. Dieser Rückkehrstein wird nach der Klassenwechsel-Quest zerstört. Er kann nicht im Inventar verstaut werden.

Item: Lederbeutel
Art: Sonstiges

Beutel, um Geld zu tragen.

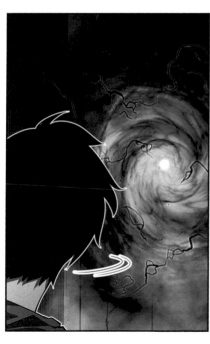

Pling 띠링

Die Klassenwechsel-Quest wird jetzt gestartet.

War ja klar, dass da noch mehr kommt!

Sammle Punkte, um in eine höhere Klasse zu wechseln. Je länger du durchhältst, desto mehr erhältst du.

00 : 00 : 00

Punkte?

Das geht also endlos?!

Viel Erfolg.
00 : 00 : 01

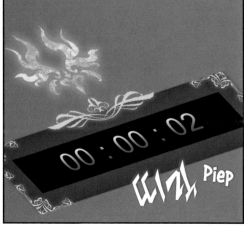

00 : 00 : 02

삐릭 Piep

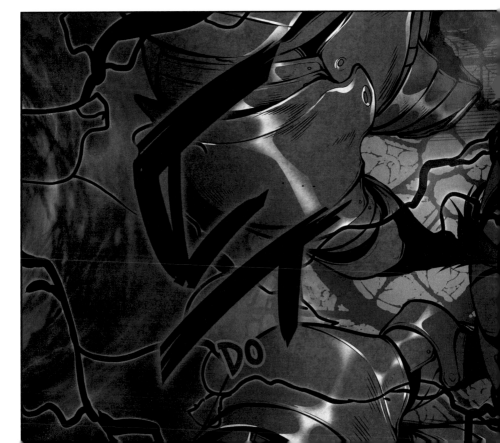

Die sollten keine Probleme bereiten.

Wären das Monster wie dieser Igris, würde ich keine Sekunde überleben.

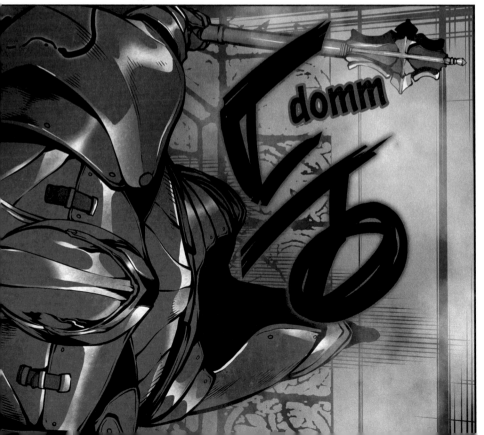

domm

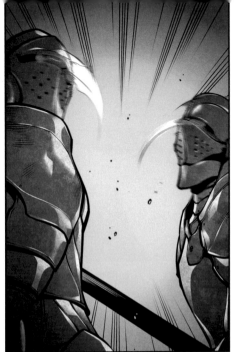

Tsching

Wamm

Wusch

Dapp

Fähigkeit: Mordlust wird aktiviert.

머ㅁ치
Stopp

Mordlust verbraucht 100 Mana. Ich hab nur eine Chance!

Krsch

Ich muss so viele wie möglich fertigmachen!

Wamm

Domm

249

Tsching

Tschack

Urgh!

Tschack

HP: 1036/10278

Es kommen
mehr, als ich
erledige!

Fähigkeit: Beharrlichkeit
wird aktiviert.

Mist, ich
hab sie unter-
schätzt ...

... und
mein Mana ver-
schwendet!

So kann ich
meine Fähigkeiten
gar nicht ein-
setzen!

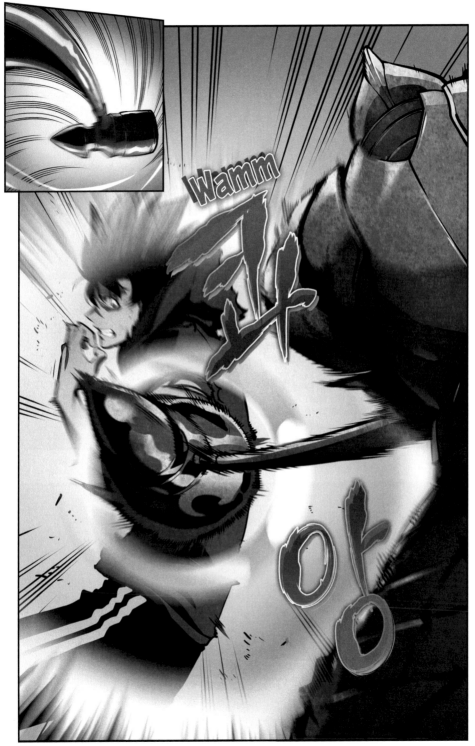

Skrrrt

카
카
카
카

Gasch
철컥

Gasch
철거덕

Bwomm

Hah

So kann ich das nicht enden lassen.

Ich kann diese Gelegenheit nicht sausen lassen!

Gnn

Weil ich am Boden des Abgrunds war ...

... habe ich davon geträumt, an die Spitze zu kommen.

Was soll ein E-Rang hier?

Die Vereinigung sollte uns wen schicken, der was kann.

Er ist echt traurig mit anzusehen.

Ich weiß besser als alle anderen, was es heißt, schwach zu sein.

Der versteckt sich doch sicher immer hinter den anderen.

Obwohl er keine Monster erlegen kann, schimpft er sich Hunter?

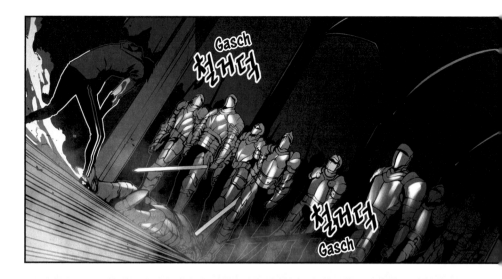

Sein Spitzname ist »der schwächste Hunter der Welt«.

Meinst du nicht: »der stärkste«?

So nennt man vielleicht S-Rang-Hunter, doch Jin-Woo nennt man den schwächsten.

Er wurde sogar nach einem E-Rang-Raid ins Krankenhaus eingeliefert.

Womöglich ist er der schwächste von allen.

?!

Wirklich?

Wenn er dabei ist, kann der Dungeon nicht so schwer sein.

Wohl wahr.

Psst, nicht dass er uns noch hört. Ha ha!

Das reicht doch.

Geh es ruhiger an.

Jin-Woo, du verdienst eine Pause.

Du hast dir das selber eingebrockt.

Warum nimmst du immer den gefährlichen Weg, wenn es einen sicheren gibt?

Ist es nicht schon wahnsinniges Glück, dass du als E-Rang-Hunter so weit gekommen bist?

Findest du nicht?

Wow, das bin ich?

Kaum zu glauben, dass wir dieselbe Person sind.

Du bist größer und muskulöser geworden.

Du siehst stark aus.

Aber nur dein Äußeres hat sich verändert.

Du bist immer noch schwach.

Was unterscheidet uns?

Du bist schon wieder in einer Situation auf Leben und Tod.

...

Sei ruhig.

E-Rang-Hunter Jin-Woo Sung.

Zu mehr bist du nicht imstande.

Mut ist bedeutungslos, wenn du nicht weißt, wo du hingehörst.

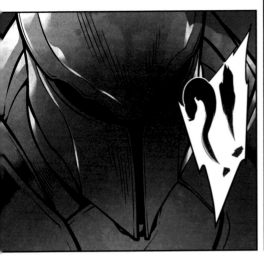

DO
domm

Ich bin
...

... in der
Strafzone?

Moment, ich
glaub, ich hab
die tägliche Quest
noch nicht ...

... be-
endet.

Ich muss hier
schnell fertig
werden.

Wenn ich sie bis
Mitternacht nicht
schaffe, werd ich
wieder von Tausend-
füßlern gejagt ...

Das könnte
echt knapp
werden.

Stimmt, ich
hatte die Quest
noch nicht ge-
macht.

Es ist al-
so Mitter-
nacht.

bleru
Wank

Gutes
Timing.

Ich dachte
echt, ich geh
drauf.

HP: 93/10.278
MP: 202/850
Erschöpfung: 91

00 : 00 : 00

»Viel Erfolg«?

Sammle Punkte, um in eine höhere Klasse zu wechseln. Je länger du durchhältst, desto mehr erhältst du.

Punkte?

Etwa, weil die Quest so schwer ist?

Viel Erfolg.
00 : 00 : 01

Ich hätte nicht gedacht, dass die Quest so lange dauern würde.

00 : 00 : 02

띠링
Piep

Ist mir doch egal, ob das Glück oder Zufall ist.

Store.

띠링!
Pling

Erschöpfung: 91

Kaufen

Einzigartiger Heiltrank

Heldenhafter He...

Legendärer Heiltrank

Kaufen
10.000 G

Göttlicher Heiltrank

G

Meine Erschöpfung war noch nie so hoch.

Da ich nun so viel Geld habe, kann ich mir auch den besten Trank leisten.

Deine Erschöpfung ist gesunken.

Deine Erschöpfung ist gesunken.

Deine Erschöpfung ist gesunken.

Ein einzelner Schlag könnte mich in diesem Zustand zwar töten ...

... doch ich fühl mich in Topform.

Aber gibt es hier genug Monster, um aufzuleveln?

Srrt

Obwohl sie sinkt, heilt er meine Lebenspunkte nicht.

Tränke heilen wohl keine LP, wenn ich schwer verwundet bin.

Ich muss warten, bis sie sich so regenerieren.

Moment, vielleicht kann ich mich durch einen Levelaufstieg heilen.

Immerhin ist das hier die Strafzone und nicht der Dungeon.

Klonk

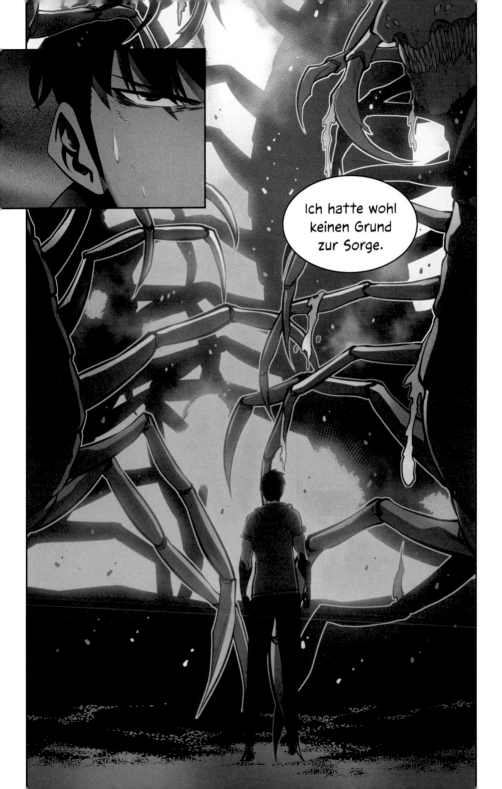

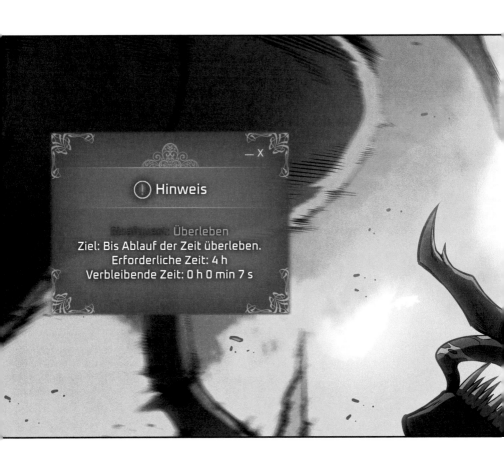

— X

() **Hinweis**

~~Nebenquest~~ Überleben
Ziel: Bis Ablauf der Zeit überleben.
Erforderliche Zeit: 4 h
Verbleibende Zeit: 0 h 0 min 7 s

Alles klar.

Sofern ich bis
dahin überlebe.

Schmerz, der mich nicht tötet,
macht mich nur stärker.

Verbleibende Zeit:
3 h 59 min 59 s

Ugh
...

Fschhh

Das war
ein komischer
Traum.

Jin-Woo
ist immer noch
nicht zu Hause.

Arbeitet er
etwa immer
noch?

Oder
hat er eine
Freundin?

Srrt

Nein, er
doch nicht.

Ich habe
ihm gesagt, dass
heute der Eltern-
sprechtag ist.

Blinz

Hoffentlich
kommt ...

... er auch.

Strafquest: Überleben
Ziel: Bis Ablauf der Zeit überleben.
Erforderliche Zeit: 4 h
Verbleibende Zeit: 0 h 15 min 22 s

Kritischer Treffer Lv. 1

Das Level von Kritischer Treffer ist gestiegen!

Du hast das nächste Level erreicht!

Du hast das nächste Level erreicht!

Du hast das nächste Level erreicht!

Du hast das nächste Level erreicht!

Ich kann mich tatsächlich in der Strafzone heilen.

Ich kann hier ebenso die Tränke des Shops kaufen und benutzen.

Fwosch

Gluck

Gluck

Name: Jin-Woo Sung
Level: 51
HP: 11035
MP: 1022
Erschöpfung: 0

Strafquest: Überleben
Ziel: Bis Ablauf der Zeit überleben.
Erforderliche Zeit: 4 h
Verbleibende Zeit: 0 h 3 min 19 s

In drei Minuten geht's zurück ...

Ich hab noch etwas Zeit, mich vorzubereiten.

Tapp

Der Giftzahn des Kasaka kommt nicht durch die Rüstung der Ritter.

Swusch

Ich brauch was anderes.

Ich brauch eine stärkere Waffe.

Shop.

Pling
따리!

Ein guter Dolch, um schwere Rüstung zu zerschneiden.

| Alle | Ausrüstung | | |

	Wächtersäbel	890.000 G	Kaufen
	Orakelschwert	1.300.000 G	Kaufen
	Steinaxt	1.800.000 G	Kaufen
	Knight Killer	2.800.000 G	Kaufen

(G) 3.102.629

Kaufen

Steinaxt 0.000 G

Gefunden.

Knight Killer 2.800.000 G
Kaufen

102.629

Du hast den Knight Killer gekauft.

2,8 Millionen sind etwas ...

Bzzzzzt
ㅈㅈㅈㅈ

... teuer, aber er ...

... sollte um einiges effektiver sein als mein alter.

파 킥
Bzzt

파 킥
Bzzt

파 킥
Bzzt

Item: Knight Killer
Rang: B
Art: Dolch
Angriffskraft: +75
Effekt: »Rittertöter«: Angriffe gegen gepanzerte Gegner fügen +25 % Schaden zu.

Und so werde ich ihn nicht wie meinen Teleport-stein fallen lassen.

ZUPP

Du hast Bandagen gekauft.

Ich muss es versuchen.

Tschack

Das Letzte wär das hier.

Runenstein: Griff des Herrschers
Durch das Zerbrechen des Runensteins kann eine Fähigkeit erlernt werden.

Die Fähigkeit: Griff des Herrschers wurde erlernt.

Fähigkeit: Griff des Herrschers Lv. 1
Kein Mana notwendig

Mit dieser Fähigkeit kannst du physischen Einfluss auf Objekte nehmen, ohne sie anzufassen.

Durch Hunter Kangs Runenstein habe ich Verstohlen-heit bekommen.

Das heißt ...

Blitz

Blitz

Eine Fähigkeit, die kein Mana verbraucht?

Der Beschreibung nach klingt sie sehr praktisch.

Ist das etwa die Fähigkeit, die Igris benutzt hat?

여기지

Wusch

Große Dinge kann ich wohl noch nicht bewegen.

DO
ㄱ
do
ㄱ
do
ㄱ

Dein Level ist zu niedrig, um dieses Objekt zu bewegen.

Strafquest: Überleben
Ziel: Bis Ablauf der Zeit überleben.
Erforderliche Zeit: 4 h
Verbleibende Zeit: 0 h 0 min 4 s

Das ist meine letzte Chance ...

Verbleibende Zeit: 0 h 0 min 3 s

Hab ich mich gut genug vorbereitet?

Verbleibende Zeit: 0 h 0 min 2 s

Verbleibende Zeit: 0 h 0 min 1 s

Verbleibende Zeit: 0 h 0 min 0 s

In den paar Stunden haben die sich echt vermehrt.

Der Knight Killer ist der Wahnsinn!

Tsching

Tschack

Krrrt

Das ist viel effektiver, als mit bloßen Händen zu kämpfen!

Gasch

Irgendwas ist hier komisch.

Obwohl ich so viele Gegner erlege, bekomme ich keine Erfahrungspunkte.

In der Strafzone konnte ich wegen der Tausendfüßler im Level aufsteigen.

Das System hat nichts davon gesagt, dass ich keine Erfahrung bekomme.

Die Magier greifen nicht an, sagen aber die ganze Zeit Zaubersprüche auf.

Nur die Ritter greifen an.

Was für Magie benutzen sie dann?

Sind das Debuffs oder Flüche?

Nein, ich spüre keine.

Ist das ein Beschwörungszauber?!

Bzzt

Die Beschwörer müssen die sein, die zuletzt aus den Portalen kamen!

Die Magier!

Swusch

Die stecken dahinter!

Fschhh

Du hast einen Magier besiegt.

Gasch

Gasch

Die Fähigkeit: Dolchwurf wurde erlernt.

Die Ritter wurden also bereits auf der anderen Seite des Portals beschworen.

Die Quest ist noch nicht vorbei! Wo sind die anderen?!

Swusch

Fähigkeit: Verstohlenheit Lv. 1

Notwendiges Mana: 200

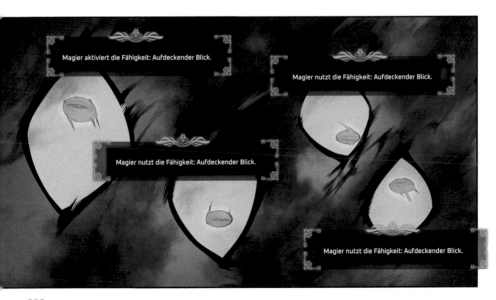

Magier aktiviert die Fähigkeit: Aufdeckender Blick.

Magier nutzt die Fähigkeit: Aufdeckender Blick.

Magier nutzt die Fähigkeit: Aufdeckender Blick.

Magier nutzt die Fähigkeit: Aufdeckender Blick.

Nun wisst ihr zwar, wo ich bin ...

Wusch

... aber ich weiß auch wo ihr seid!

Noch fünf!

Fähigkeit: Griff des Herrschers Lv. 1
Kein Mana notwendig

Mit dieser Fähigkeit kannst du
physischen Einfluss auf Objekte
nehmen, ohne sie anzufassen.

Woooh

Grapp

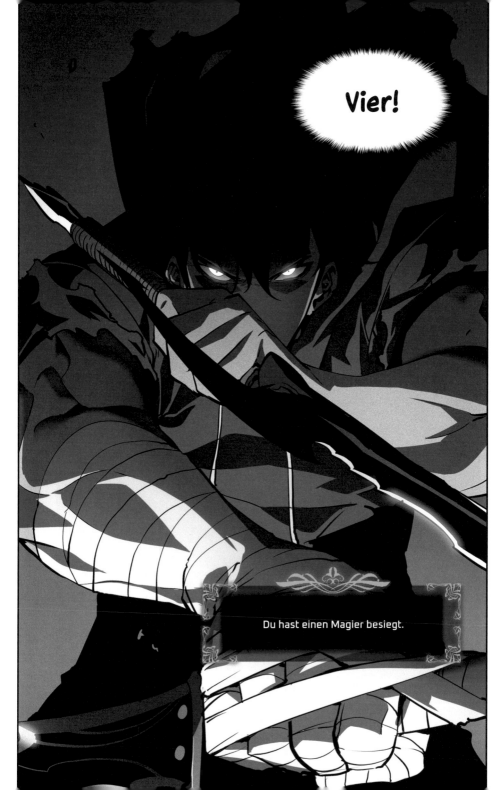

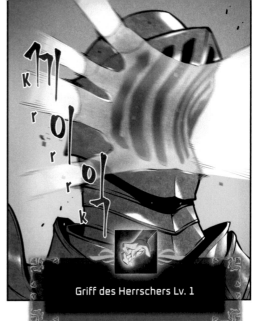

Griff des Herrschers Lv. 1

Grapp

Swusch

Du hast einen Magier besiegt.

Drei!

Wrumm

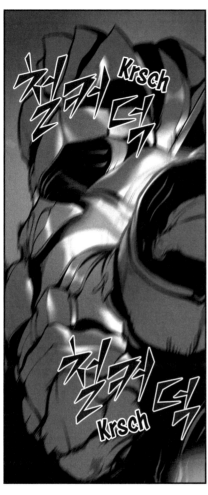

-Wrumm

Wrumm

Wrumm

Wrumm

Grooh

Wusch

Durch sein Herumwüten sind es weniger geworden!

Du hast einen Magier besiegt.

Du hast einen Magier besiegt.

Du hast einen Magier besiegt.

Meine
Chance!

Tschack

Gasch

Puh
...

Wären die wegen der Golem-beschwörung nicht alle beisammen gewesen, hätte ich viel länger gebraucht.

04 : 29 : 16

War's das nun?

Du hast alle Monster im Prüfungsraum besiegt. Die Quest wird beendet.

Oder kommt noch etwas ...?

Durch die erlangten Punkte hast du dich für eine höhere Klasse qualifiziert.

Endlich.

Da ich mit einem Dolch kämpfe, sollte ich Assassine werden.

Eine passende Klasse wird anhand einer Analyse der Leistung des Spielers zugeteilt.

Ich darf sie mir nicht aussuchen?

Ich habe viele meiner Punkte in Stärke und Agilität investiert.

Daher sollte ich ein mächtiger Krieger oder ein agiler Assassine werden.

Wegen meiner Vitalität könnte ich sogar ein Tank werden.

Egal was es wird, es macht mich stärker.

Wohin der Spieler auch geht, folgt der Tod.

Der Geruch von Blut füllt die Lungen, während er Leichen auf seinem Weg hinterlässt.

W... Was ist das?

Er strebt nach großer Stärke, verlässt sich nicht auf andere und behauptet sich so in dieser Welt.

Das klingt so, als würde ich eine Kämpferklasse bekommen.

Dein Streben nach Macht ist so stark, dass du die verlorenen Geister aus dem Tal des Todes beschwören kannst. Diese Armee der Untoten hört auf jeden deiner Befehle und wird dir den Weg bereiten.

Eine Armee der Toten?

Was?

Halt!

Wieso?

Das
...

... soll meine Klasse sein?

Dir wurde die Klasse: Nekromant zugewiesen.

Nekromanten gehören zur Magierklasse.

Aber ich habe doch kaum in Intelligenz ...!

Dir wurde die Nekromant zu

Dunkelmagier, die eine Armee der Untoten kontrollieren.

Nekromant zugewiesen.

Ich gehörte schon immer zur Kämpferklasse.

Außer dem Schwert habe ich auch nur Dolche benutzt.

Außerdem passen meine Fähigkeiten zu einem Assassinen. Wie konnte das passieren?!

Ich weiß nicht, ob es unter den Huntern Nekromanten gibt, aber in Spielen und Romanen lassen sie ihre Beschwörungen für sich kämpfen.

Ich muss mich beruhigen.

Wie das System sagt, ist ein Vorteil immerhin ...

... dass ich eine Armee beschwören könnte.

Dadurch wird jedoch der Nekromant nicht stärker!

Status
Stärke: 132
Vitalität: 91
Agilität: 111
Intelligenz: 70
Wahrnehmung: 93

Meine Attributspunkte könnten nutzlos werden!

Ach, ich habe die Wahl?

— x

⚠ Hinweis

Pling

Nimmst du die Klasse an?

Annehmen   Ablehnen

Ob ich gar keine Klasse bekomme, wenn ich ablehne?

⚠ Hinweis

Nimmst du die Klasse an?

Ablehnen

Ablehnen.

Bzzzt

Pling

Nekromant ist eine geheime Klasse. Willst du trotzdem ablehnen?

Eine geheime Klasse ...?

Es gibt Hunter, die mächtige Barrieren erschaffen können.

Andere beherrschen wiederum Buffs, obwohl sie keine Heiler sind.

Ich wär nicht so unentschlossen, wenn ich die Klasse ausprobieren könnte.

Es gibt sogar das Gerücht, dass der Meister der Weißen Tiger, Yun-Ho Baek sich in ein Monster verwandeln kann.

Hunter mit solchen besonderen Fähigkeiten werden alle von den großen Gilden rekrutiert, wo sie besondere Privilegien genießen.

Werden solche Hunter dann als geheime Klasse klassifiziert?

Ah!

Wahrscheinlich hatten diese Magier Fähigkeiten, die einem Nekromanten ähneln.

Als wollte mir jemand ein Beispiel zeigen.

Keine Ahnung, wer hinter dem System steckt, aber nicht übel.

Im Gegensatz zu diesen Magiern besitze ich offensive Fähigkeiten.

Wenn ich ein Magier werden würde, der nicht nur kämpfen kann, sondern auch eine Armee kommandiert ...

... könnte ich sicher auch hochrangige Dungeons alleine bewältigen!

In diesem Spiel sind Level, Fähigkeiten und Attribute alles!

Meine Armee wird also auch stärker!

Item: Knight Killer
Rang: B
Art: Dolch

Angriffskraft: +75

Die Klinge ist so scharf, dass sie
Ritterrüstungen zerschneiden kann.
Durch die Sägezähne kann die Klinge nicht
von der gegnerischen Rüstung abrutschen.

Effekt »Rittertöter«: Angriffe gegen
gepanzerte Gegner fügen +25 %
Schaden zu.

Item: Giftzahn des Kasaka
Rang: C
Art: Dolch

Angriff: +25

Ein Dolch, hergestellt aus den Giftzähnen
des Kasaka. Das Gift verursacht Lähmung,
Blutung. Bewahre ihn im Inventar auf oder
verkaufe ihn im Shop.

Effekt »Lähmung«: Der Gegner wird mit
einer gewissen Wahrscheinlichkeit gelähmt.
Effekt »Blutung«: Der Gegner verliert 1 %
seiner Lebenspunkte pro Sekunde.

Fähigkeit: Griff des Herrschers Lv. 1
Kein Mana notwendig.

Mit dieser Fähigkeit kannst du
physischen Einfluss auf Objekte
nehmen, ohne sie anzufassen.

Fähigkeit: Dolchwurf Lv. 1
Notwendiges Mana: 30
Nur mit Dolchen.

Durch das Werfen eines Dolches
wird Schaden zugefügt. Mit höherem
Level erhöhen sich Schaden und
Treffgenauigkeit.

Goblin Slayer!

Kumo Kagyu | Kousuke Kurose | Noboru Kannatuki

Eine junge Priesterin schließt sich ihrer ersten Abenteurergruppe an, nur um sich kurz darauf in einem Goblin-Hinterhalt wiederzufinden. Doch sie hat Glück, denn Goblin Slayer hat sich genau diese Goblins als seine heutigen Opfer ausgesucht.

Das Geheimnis von Scarecrow

Gin Zarbo

Die Menschen stehen in einem ständigen Kampf mit den Crows, finsteren Monstern, die an riesige Krähen erinnern. Die Legende besagt, dass ihnen dabei einst die Scarecrows zur Seite standen. Engell glaubt fest daran, dass es sie gegeben hat, und macht sich auf die Suche nach ihnen. Doch als sie tatsächlich einen von ihnen findet, nimmt das eigentliche Abenteuer erst seinen Lauf ...

Meine Wiedergeburt als Schleim in einer anderen Welt

Fuse | Taiki Kawakami | Mitz Vah

Satoru Mikami wurde ermordet. Aber statt im Jenseits zu landen, wird er in einer anderen Welt als Schleim wiedergeboren. Verwirrt, aber mit mächtigen Skills ausgerüstet, begibt er sich auf ein wabbliges Abenteuer durch eine Welt voller Goblins, Drachen und Zwerge!

Ich habe 300 Jahre lang Schleim getötet und aus Versehen das höchste Level erreicht

Ich habe 300 Jahre lang Schleim getötet und aus Versehen das höchste Level erreicht

Kisetsu Morita | Yusuke Shiba | Benio

Die Büroangestellte Azusa Aizawa arbeitet sich schon in jungen Jahren im wahrsten Sinne des Wortes zu Tode. Doch dann wird sie als siebzehn-jährige Hexe in einer fremdartigen Welt wiedergeboren. Dort will sie es langsam angehen lassen, wird Selbstversorgerin und tötet nur ab und an mal einen Schleim ...

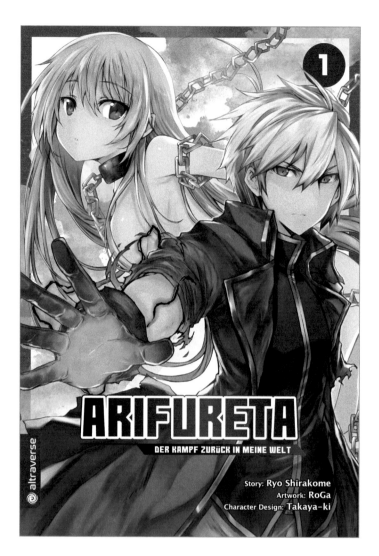

Arifureta — Der Kampf zurück in meine Welt

Ryo Shirakome | RoGa | Takaya-ki

Hajime führt ein wenig aufregendes Leben, doch plötzlich wird seine Klasse in eine andere Welt beschworen, um die Menschheit vor dem Untergang zu bewahren! Während seine Klassenkameraden mit außergewöhnlichen Fähigkeiten ausgestattet werden, wird Hajime nur ein magischer Schmied. Wird er in dieser gefährlichen neuen Welt überleben können?

Kemono Jihen — Gefährlichen Phänomenen auf der Spur

Sho Aimoto

In einem ruhigen Dorf ereignet sich ein seltsamer Vorfall. Um diesen zu untersuchen, reist Inugami, ein Detektiv für okkulte Vorkommnisse, aus Tokio an. Im Laufe seiner Nachforschungen lernt er den jungen Dorotabo kennen und merkt schnell, dass nicht nur sein Name unmenschlich ist ...

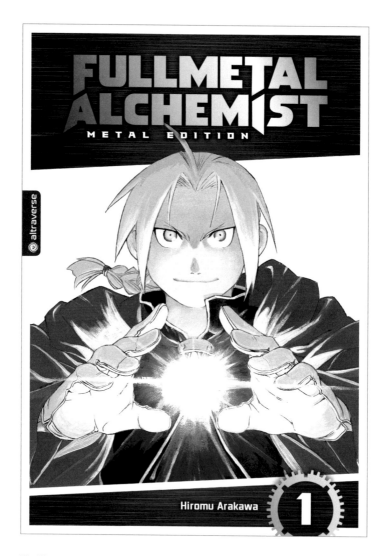

Fullmetal Alchemist – Metal Edition

Hiromu Arakawa

Die Brüder Edward und Alphonse Elric wollen mithilfe von Alchemie ihre
verstorbene Mutter wieder zum Leben erwecken. Doch das Experiment
missglückt und Edward verliert sein linkes Bein und seinen Bruder. Um ihn
zurückzuholen, opfert Edward seinen rechten Arm und bindet Alphonse'
Seele an eine Rüstung. Damit beginnt die Reise, um sich alles zurückzu-
erobern, was ihnen genommen wurde.